essentials

essentials liefern aktuelles Wissen in konzentrierter Form. Die Essenz dessen, worauf es als „State-of-the-Art" in der gegenwärtigen Fachdiskussion oder in der Praxis ankommt. *essentials* informieren schnell, unkompliziert und verständlich

- als Einführung in ein aktuelles Thema aus Ihrem Fachgebiet
- als Einstieg in ein für Sie noch unbekanntes Themenfeld
- als Einblick, um zum Thema mitreden zu können

Die Bücher in elektronischer und gedruckter Form bringen das Expertenwissen von Springer-Fachautoren kompakt zur Darstellung. Sie sind besonders für die Nutzung als eBook auf Tablet-PCs, eBook-Readern und Smartphones geeignet. *essentials:* Wissensbausteine aus den Wirtschafts-, Sozial- und Geisteswissenschaften, aus Technik und Naturwissenschaften sowie aus Medizin, Psychologie und Gesundheitsberufen. Von renommierten Autoren aller Springer-Verlagsmarken.

Weitere Bände in der Reihe http://www.springer.com/series/13088

Stephan Weinert

Das High Potential Management

Wie Unternehmen erfolgskritische
Stellen gezielt und richtig
besetzen können

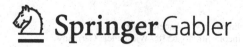

Stephan Weinert
Hochschule Düsseldorf
Düsseldorf, Deutschland

ISSN 2197-6708   ISSN 2197-6716   (electronic)
essentials
ISBN 978-3-658-19976-0   ISBN 978-3-658-19977-7   (eBook)
https://doi.org/10.1007/978-3-658-19977-7

Die Deutsche Nationalbibliothek verzeichnet diese Publikation in der Deutschen Nationalbiblio-
grafie; detaillierte bibliografische Daten sind im Internet über http://dnb.d-nb.de abrufbar.

Springer Gabler
© Springer Fachmedien Wiesbaden GmbH 2018

Gedruckt auf säurefreiem und chlorfrei gebleichtem Papier

Springer Gabler ist Teil von Springer Nature
Die eingetragene Gesellschaft ist Springer Fachmedien Wiesbaden GmbH
Die Anschrift der Gesellschaft ist: Abraham-Lincoln-Str. 46, 65189 Wiesbaden, Germany

Was Sie in diesem *essential* finden können

- Einen ganzheitlichen, systematischen Ansatz zum Management von High Potentials.
- Unterschiede und Gemeinsamkeiten zwischen dem High Potential Management und anderen Formen des Talent Managements.
- Verständnis für die besondere Bedeutung von High Potentials für die nachhaltige Wettbewerbsfähigkeit von Unternehmen.
- Kenntnisse über die Herausforderungen, Maßnahmen und Handlungsempfehlungen im High Potential Management.
- Einen Überblick zum Themengebiet auf Basis aktueller wissenschaftlicher Erkenntnisse.

Vorwort

Ich bin fest davon überzeugt, dass der mit Abstand wichtigste Grund für Wettbewerbsfähigkeit nicht etwa Unternehmensgröße, internationale Standortvorteile, Brand Image oder Marktanteil ist, um nur einige Faktoren exemplarisch zu nennen, sondern herausragendes Personal. Erst durch sein Tun werden Innovation, Fortschritt und Wohlstand ermöglicht. Dies gilt im Kleinen für Unternehmen wie im Großen für die Gesellschaft. Und dies wird sich auch in Zeiten der zunehmenden Digitalisierung und Technisierung im Kern nicht ändern.

Doch das Personal ist keine homogene Gruppe. Menschen unterscheiden sich in zahlreichen Aspekten. Beispielsweise sind Leistungsfähigkeit, Leistungsbereitschaft und weiterführendes Entwicklungspotenzial nicht gleich verteilt. Entsprechend tragen manche Personen mehr zum Unternehmenserfolg bei als andere. Diese Personen extern zu rekrutieren oder intern zu identifizieren, sie zielgerichtet zu entwickeln, zu motivieren, zu binden und einzusetzen, setzt eine ganzheitliche und integrierte Managementsystematik voraus, deren Grundzüge in diesem *essential* beschrieben werden. Mir war es dabei ein besonderes Anliegen, sowohl aktuelle wissenschaftliche Erkenntnisse als auch persönliche Erfahrungen aus meiner jahrelangen Beratungspraxis gleichermaßen einfließen zu lassen.

Mein Dank gilt meinen Kollegen sowie ganz besonders meinem Bruder, Dr. Christoph Weinert, für deren wertvolle Hinweise sowie dem Springer-Verlag, hier speziell dem Lektorat durch Stefanie Winter, für die erneut hervorragende und angenehme Zusammenarbeit.

Stephan Weinert

Inhaltsverzeichnis

Einleitung 1

Talent Management ist zu einer der zentralen strategischen Herausforderungen für Unternehmen geworden. Dennoch tun sich viele schwer damit, es erfolgreich umzusetzen. Ein besseres Verständnis für Talent Management ist daher unabdingbar, um die Wettbewerbsfähigkeit und den Unternehmenserfolg langfristig zu sichern.

Wenngleich in den letzten Jahren viel zum Thema Talent Management geschrieben worden ist, so zeigt sich doch, dass ein einheitliches Verständnis weder in der Wissenschaft noch in der Praxis existiert. Diese divergierenden Sichtweisen haben nicht unbedingt zu einem besseren Verständnis beigetragen. Dieses *essential* setzt daher einen klaren und dezidierten Fokus auf eine Subform des Talent Managements, die als „enger Ansatz" bekannt geworden ist. Dieser geht nicht der Frage nach, wie man allgemein das Potenzial jedes einzelnen Mitarbeiters heben kann. Vielmehr liegt der Fokus auf den sogenannten *High Potentials,* da sie in besonderem Maß dazu fähig sind, den Unternehmenserfolg nachhaltig zu sichern. Um diese Personen zielgerichtet zu gewinnen, zu entwickeln, zu motivieren, zu binden und einzusetzen, ist ein systematisches Vorgehen unerlässlich. Die Grundzüge eines solchen *High Potential Managements* werden in diesem *essential* vorgestellt.

Entsprechend erhalten Sie in diesem *essential* zahlreiche Informationen darüber, was unter einem ganzheitlichen, systematischen High-Potential-Management-Ansatz zu verstehen ist, wie dieser im Zusammenhang mit der Unternehmensstrategie steht, welche Aufgabenfelder er beinhaltet und welche internen und externen Rahmenbedingungen es zu beachten gilt, um diesen erfolgreich zu planen und umzusetzen. Gestützt wird diese Publikation auf aktuelle wissenschaftliche Erkenntnisse, ergänzt durch Handlungsempfehlungen, die sich in der Praxis bewährt haben.

© Springer Fachmedien Wiesbaden GmbH 2018
S. Weinert, *Das High Potential Management,* essentials,
https://doi.org/10.1007/978-3-658-19977-7_1

Das *essential* richtet sich gleichermaßen an Entscheider und Verantwortliche in der Praxis, die sich sowohl auf operativer als auch auf strategischer Ebene mit dem Management von High Potentials befassen, sowie an Studierende, die eine entsprechende Vertiefung im Personalmanagement gewählt haben.

Megatrends und deren Auswirkungen auf das Personalmanagement

2

2.1 Wandel zur Wissensgesellschaft

Der durch das World Economic Forum jährlich veröffentlichte Global Competitiveness Report misst die Wettbewerbfähigkeit zahlreicher Volkswirtschaften. Deutschland konnte sich zuletzt von Platz fünf auf Platz vier verbessern und belegt damit, wie auch in den Jahren zuvor, einen der vorderen Plätze. Eine wesentliche Stärke der Studie ist, dass zahlreiche verschiedenartige Einzelindikatoren herangezogen werden, um ein umfassendes und differenziertes Abbild der Wettbewerbfähigkeit zu ermitteln. In Bezug auf Deutschland ist eine zentrale Erkenntnis, dass die Innovationsfähigkeit ein wesentlicher Treiber der Wettbewerbfähigkeit ist (World Economic Forum 2015).

Innovationen entstehen durch die Generierung und praktische Umsetzung von Wissen, und Wissen ist in den letzten Jahrzehnten zunehmend zu einem bedeutenden Produktionsfaktor geworden. Der Anteil von wissensintensiven Gütern und Dienstleistungen an der gesamten Wertschöpfung steigt stetig. Dies kennzeichnet den Wandel von einer klassischen Industrie- hin zu einer modernen Wissensgesellschaft.

Die Bedeutung von Wissen für Wirtschaft und Gesellschaft wurde bereits früh erkannt, wie die Arbeiten von Max Weber oder Joseph A. Schumpeter zeigen. Doch erst in den letzten Jahren ist die Diskussion um die Wissensgesellschaft wieder stärker in die gesellschaftlichen Fokus gerückt. Zahlreiche politische Initiativen zielen mittlerweile darauf ab, Wissenschaft und Forschung gezielt zu stärken. Auf der nationalen Ebene zeugen u. a. die Exzellenzinitiative an Hochschulen, der Hochschulpakt oder die Hightech-Strategie der Bundesregierung davon. Erklärtes Ziel der Europäischen Union ist es, den „wettbewerbfähigsten und dynamischsten wissensbasierten Wirtschaftsraum der Welt zu schaffen"

© Springer Fachmedien Wiesbaden GmbH 2018
S. Weinert, *Das High Potential Management*, essentials,
https://doi.org/10.1007/978-3-658-19977-7_2

(Arnold 2012, S. 3). Nicht übersehen werden darf, dass insbesondere die Wirtschaft mit schätzungsweise ca. EUR 130 Mrd. pro Jahr substanziell zur Förderung von Innovationen beiträgt (Arnold 2012, S. 3).

Um Wissensgenerierung und letztendlich Innovationen zu ermöglichen, bedarf es hervorragend ausgebildeter Arbeitskräfte. Die Hochschulen tragen ihren Teil dazu bei. In den letzten Jahren verließen mehr Absolventen die Hochschulen als jemals zuvor. Doch dies allein wird nicht ausreichen, um nachhaltig im Wissens- und Innovationswettbewerb erfolgreich sein zu können. Der teilweise geringen Halbwertszeit von Wissen ist es geschuldet, dass insbesondere HR (Human Resources bzw. Personalabteilungen) in Unternehmen in Zukunft noch stärker gefordert sein werden. Zum einen im Bereich der Personalentwicklung, hier speziell in der Bereitstellung von Formaten zur besseren Wissensvermittlung. Zum anderen in der Personalgewinnung, die es zukünftig noch schwerer haben dürfte, herausragende Experten in ihren jeweiligen Fachgebieten für das Unternehmen zu gewinnen. Insgesamt darf wohl davon ausgegangen werden, dass die Wissensgesellschaft HR vor enorme Herausforderungen stellt. Zudem bietet diese Entwicklung auch die Chance, stärker als je zuvor einen Beitrag zum Unternehmenserfolg zu leisten.

2.2   Demografische Entwicklung

Die demografische Entwicklung beschreibt den strukturellen Wandel der Bevölkerung. Damit einhergehend werden Veränderungen bezüglich der Altersstruktur der Bevölkerung, des quantitativen Verhältnisses der Geschlechter, der Ein- und Auswanderung sowie der Entwicklung der Geburten- und Sterbezahlen analysiert und prognostiziert.

Der demografische Wandel ist kein neues Phänomen. Bereits seit Beginn der 1970er Jahre kommen in Deutschland weniger Kinder zur Welt, als notwendig wäre, um die Zahl der Bevölkerung konstant zu halten. Da sich diese Entwicklung auf die Folgegeneration fortsetzt, sinkt seitdem tendenziell die Anzahl der in Deutschland lebenden Menschen kontinuierlich. Laut Prognose des Statistischen Bundesamtes wird die Bevölkerungszahl bis zum Jahr 2050 von derzeit rund 82 Mio. auf ca. 71 Mio. abnehmen (Statistisches Bundesamt 2009).

Neben der Bevölkerungszahl verändert sich auch die Altersstruktur. Da die Menschen erfreulicherweise aufgrund des medizinischen Fortschritts immer länger leben, gleichzeitig aber weniger Kinder geboren werden, steigt der Altersdurchschnitt der Bevölkerung an. Diese Entwicklung führt dazu, dass auch die Anzahl der Erwerbsfähigen, d. h. Menschen zwischen 15 und 67 Jahren, abnimmt. Sind aktuell noch ca. 55 Mio. Menschen im erwerbsfähigen Alter, so wird deren Zahl im Jahr 2050 voraussichtlich nur rund 40 Mio. betragen. All dies erhöht erheblich den Druck auf die Sozialsysteme und die Wirtschaft, für die es, wie im Folgenden beschrieben, wesentlich schwieriger werden dürfte, qualifizierte Arbeitskräfte zu finden. Dieser Entwicklung kann langfristig wohl nur durch eine steigende Geburtenzahl oder eine wachsende Zuwanderung entgegengewirkt werden. Der Effekt von mehr Geburten auf die Erwerbstätigenzahl wirkt sich jedoch frühestens in 15–20 Jahren aus. Die Ausweitung der Migration erscheint politisch derzeit nicht durchsetzungsfähig und würde darüber hinaus erhebliche Herausforderungen für die Integration mit sich bringen.

2.3   Fachkräftemangel

Der demografischen Entwicklung ist es geschuldet, dass die Anzahl an Erwerbspersonen in den kommenden Jahrzehnten deutlich zurückgehen wird. Wenngleich der Fachkräftemangel noch nicht flächendeckend existiert, so spüren ihn doch zahlreiche Unternehmen und Berufsverbände bereits heute. Betroffen sind schon jetzt einzelne Regionen und verschiedene Berufsgruppen. Beispielsweise beklagen Unternehmen aus der Maschinen- und Fahrzeugbauindustrie in Bayern oder Baden-Württemberg einen Mangel an Ingenieuren. Zahlreiche Ausbildungsplätze können im Handwerk seit Jahren nicht besetzt werden, es fehlt vermehrt an Pflegepersonal, ein Engpass an Ärzten in ländlichen Regionen zeichnet sich ab und die Nachfrage nach Spezialisten in den MINT-Berufen (Mathematik, Ingenieurwesen, Naturwissenschaften, Technik) übersteigt regelmäßig das Angebot auf dem Arbeitsmarkt.

Die Frage ist schon lange nicht mehr, ob ein Fachkräftemangel existiert, sondern in welchem Ausmaß er Deutschland in Zukunft treffen wird. So geht das Institut für Arbeitsmarkt- und Berufsforschung davon aus, dass im Jahr 2020 ein Fachkräfteengpass von ca. 3 Mio. zu erwarten ist, im Jahr 2025 sogar 5,4 Mio. (Institut für Arbeitsmarkt und Berufsforschung 2010). Dies führt aller Voraussicht nach zu einem spürbaren Rückgang an Wettbewerbsfähigkeit, da der mit dem Fachkräftemangel einhergehende Wertschöpfungsverlust nicht vollständig über eine steigende Arbeitsproduktivität aufgefangen werden kann. Bereits jetzt erleiden Unternehmen laut einer Studie von Fraunhofer IAO und BITKOM im Durchschnitt einen fachkräfteinduzierten Umsatzrückgang von 8,5 % pro Jahr (Fraunhofer-Institut für Arbeitswirtschaft und Organisation o. J.).

Was in der Vergangenheit gut funktioniert hat, nämlich offene Stellen zeitnah über Personalgewinnung auf dem Arbeitsmarkt zu decken, wird zukünftig immer schwieriger. Vorausschauende Unternehmen und HR sind daher mehr als je zuvor gefordert zu handeln und der Problematik des zunehmenden Fachkräftemangels zu begegnen.

2.4   Mitarbeiter-Engagement und Fluktuation

Die emotionale Bindung von Mitarbeitern an ihren Arbeitgeber und damit ihr Engagement und die Motivation bei der Arbeit, was auch als *Employee Engagement* bezeichnet wird, ist in den letzten Jahren von einem reinen HR- zu einem Führungsthema geworden. Es wird nicht mehr die Frage gestellt, ob das Engagement für den Unternehmenserfolg wichtig ist, sondern wie es sich aufrechterhalten und im Idealfall steigern lässt.

Um sich ein Bild vom Stand des Engagements der Mitarbeiter machen zu können, führen immer mehr Unternehmen entsprechende Befragungen durch. Für eine deutschlandweite Betrachtung kann auf den bekannten Gallup Engagement Index verwiesen werden, der auf einer umfangreichen Studie zur Arbeitsplatzqualität basiert und seit dem Jahr 2001 in regelmäßigen Abständen erhoben wird. Die letzte Erhebung aus dem Jahr 2016 brachte dabei hervor, dass der Anteil der Mitarbeiter, die hoch engagiert sind, und der Anteil derjenigen, die innerlich bereits gekündigt haben, bei jeweils 15 % lag. Der Großteil von 70 % zeigt laut der Studie eine relativ geringe emotionale Bindung, was sich negativ auf Fehlzeiten, Produktivität, Rentabilität, Kundenbindung und vor allem Kündigungsabsicht auswirkt. Problematisch ist auch die hohe Fluktuation in einer gering gebundenen Belegschaft – jeder Dritte ist bereits heute aktiv auf Jobsuche (Gallup 2017).

Nicht jede aktive Jobsuche führt zu einer Kündigung und damit zu einem Anstieg der Fluktuation. Im Durchschnitt lag diese jedoch in den letzten Jahren bei rund einem Drittel, wenngleich die Fluktuationsrate stark von der jeweiligen wirtschaftlichen Lage, der Branche, der Region und dem beruflichen Anforderungsniveau abhängt (Institut der deutschen Wirtschaft Köln 2016).

Grundlagen des High Potential Managements

3

3.1 Begriffseingrenzung

High Potential Management kann als eine Sonderform des Talent Managements angesehen werden. Letzteres verfolgt nach Capelli (2008, S. 1) folgendes Ziel: „Getting the right people with the right skills into the right jobs". Wenngleich diese Aussage auf den ersten Blick einfach erscheint, existieren in Wissenschaft und Praxis jedoch sehr unterschiedliche Meinungen darüber, wer die „right people" sind. Grob lassen sich in diesem Zusammenhang zwei Ansätze unterscheiden, die, das sei an dieser Stelle ausdrücklich erwähnt, sich nicht gegenseitig ausschließen, sondern vielmehr ergänzen. In manchen Unternehmen sind sie daher parallel zu finden (Stahl et al. 2012). Der erste Ansatz kann als „breit" angesehen werden. Deren Befürworter argumentieren, dass jeder Mensch Talente im Sinne von Begabungen in sich vereint. Aufgabe des Managements sollte es daher sein, ganz im Sinne des ressourcenorientierten Ansatzes (Wernerfelt 1984; Barney 1991; Peteraf 1993), diese „Humanressourcen" – genauso wie alle anderen strategisch relevanten Ressourcen – zu pflegen, weiterzuentwickeln und sinnvoll einzusetzen. Ein solches Talent Management bezieht sich folglich auf alle Mitarbeiter des Unternehmens. Talent Management kann daher weitestgehend mit Personalentwicklung gleichgesetzt werden. Der zweite Ansatz kann als „eng" beschrieben werden. Deren Fürsprecher stellen die Bedeutung der Personalentwicklung zwar nicht in Frage, vertreten aber die Auffassung, dass Fähigkeiten, Motivation und letztendlich Leistung bei Mitarbeitern unterschiedlich stark ausgeprägt sind. Einige wenige lassen sich einer Spitzengruppe zuordnen. Diese Sichtweise fassen Ready et al. (2010, S. 80) anschaulich wie folgt zusammen: „Organisations are filled with highly valued contributors, but organisational success is often determined by a select few who deliver disproportionate value to their companies." Diese gilt es sehr gezielt – häufig individuell – zu fördern,

© Springer Fachmedien Wiesbaden GmbH 2018
S. Weinert, *Das High Potential Management,* essentials,
https://doi.org/10.1007/978-3-658-19977-7_3

an das Unternehmen zu binden und auf die zukünftige Übernahme sogenannter *erfolgskritischer Positionen* vorzubereiten.

Der Personenkreis ist dabei äußerst begrenzt – je nach Autor wird seine Größe auf die Top 15 % (Franke 1999, S. 896), 5–10 % (Teufer 1999, S. 2) oder 3–5 % (Ready et al. 2010, S. 80; Zenger und Folkman 2007, S. 2) der Mitarbeiter beziffert. Diese werden häufig als „High Potentials", „A-Players" oder schlichtweg „Talente" bezeichnet. Die Beschäftigung mit dieser Gruppe hat dabei in den letzten Jahren stark zugenommen. Davon zeugen zum einen wissenschaftliche Beiträge (u. a. Dries und Pepermans 2008; Ready et al. 2010; Dries et al. 2011; Posthums et al. 2016), zum anderen zahlreiche Treffer in Suchmaschinen. Tippt man den Begriff „High Potential" bei Google ein, werden Mitte 2017 rund 7.150.000 Beiträge ausgewiesen.

Es wird offensichtlich viel geschrieben und noch mehr über High Potentials geredet. All dies kann indes nicht darüber hinwegtäuschen, dass die Forschung auf diesem Gebiet noch in den Kinderschuhen steckt, deren Aussagekraft einigen wichtigen Beschränkungen unterliegt. So ist zunächst einmal zu betonen, dass die Art und Weise, wie heute über High Potentials berichtet wird, eine starke angelsächsische und speziell US-amerikanische Prägung aufweist. Darüber hinaus fokussieren Praxisbeiträge oder wissenschaftliche Studien über High Potentials fast ausschließlich auf multinationale Unternehmen im privatwirtschaftlichen Sektor. Inwieweit die so ermittelten Erkenntnisse überhaupt übertragbar sind, z. B. auf kleine und mittelständische Unternehmen, auf Unternehmen in anderen Kulturkreisen, auf Non-Profit-Unternehmen oder staatliche Organisationen, muss erst noch überprüft werden.

Weiterhin ist zu bemängeln, dass der positive Beitrag von High Potentials zur Wettbewerbsfähigkeit empirisch derzeit nicht ausreichend belegt ist. Vielmehr basieren zahlreiche wissenschaftliche Artikel auf konzeptionellen Überlegungen.

▶   Personalfachleute, die High-Potential-Programme in Unternehmen oder anderen Organisationen einsetzen, sollten die damit einhergehenden Maßnahmen in regelmäßigen Abständen sorgfältig evaluieren, um so den Nachweis erbringen zu können, dass der damit verbundene Aufwand gerechtfertigt ist.

Eine weitere Schwierigkeit besteht darin, dass der Begriff „High Potential" sehr unterschiedlich gebraucht wird. Häufig werden jedoch zwei Faktoren zur Bestimmung herangezogen: Leistung und Potenzial. Betrachtet man diese als unabhängige Dimensionen und führt sie zusammen, so spannen sie eine zweidimensionale

Matrix auf (Abb. 3.1), die so oder in ähnlicher Form in vielen Unternehmen Anwendung findet und dabei helfen soll, High Potentials von anderen Mitarbeitergruppen zu differenzieren.

Betrachtet man die beiden Begriffe etwas genauer, so weist Leistung auf unser „Können" in der Vergangenheit oder Gegenwart hin. Leistung basiert auf vorhandenen Kompetenzen, d. h. auf bestimmten Fähigkeiten und Fertigkeiten, die in konkreten tätigkeitsspezifischen Handlungssituationen sichtbar werden und daher auch messbar sind. Doch selbst wenn Mitarbeiter ein hohes Leistungsniveau zeigen (auch über einen längeren Zeitraum), so müssen diese noch lange nicht High Potentials sein. Der Grund dafür ist folgender: Die vorhandenen Kompetenzen und deren Ausprägungen entsprechen den Anforderungen an die derzeitige Position. High Potentials sollen aber in Zukunft weiterführende, erfolgskritischere Positionen bekleiden. Entsprechend ändern sich die damit einhergehenden Anforderungsprofile. Sie weisen in der Regel nicht nur höhere Kompetenzausprägungen auf, sondern zudem häufig völlig neue Kompetenzen. Manche Autoren gehen daher so weit, dass sie die Berücksichtigung von Leistung zur Bestimmung von High Potentials ablehnen und stattdessen den Potenzialaspekt stärker betonen (Enaux und Henrich 2011, S. 23). In der Praxis ist es aber kaum vorstellbar, dass einem Mitarbeiter ein hohes Potenzial und damit der Status eines High Potentials zugeschrieben wird, wenn dieser nicht über einen längeren Zeitraum durch sehr gute Leistungen aufgefallen ist.

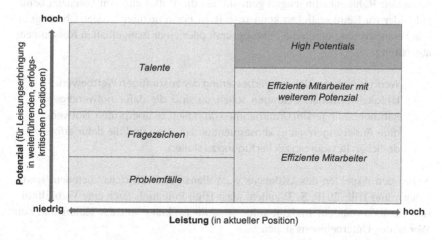

Abb. 3.1 Konventionelles Mitarbeiterportfolio. (Quelle: in Anlehnung an Thom und Friedli 2008, S. 26)

▶ Eine hohe und über einen längeren Zeitraum relativ konstante Leistungsausprägung stellt eine wichtige Grundvoraussetzung dar, die
   alleine aber nicht ausreicht, um von einem High Potential zu sprechen.

Potenzial umfasst nach Becker (2008, S. 144) „die von einem Mitarbeiter noch
nicht entwickelten Qualifikations-, Kompetenz-, Leistungs- und Verhaltensre-
serven". Damit wird zum einen der zukunftsbezogene Aspekt des Potenzials
deutlich. Zum anderen liegt die Betonung auf der prinzipiellen Entwicklungsfähigkeit. Prinzipiell deswegen, weil die Existenz von Potenzial nicht zwangsläufig dazu führen muss, dass die jeweilige Person die erforderlichen Kompetenzen
(und damit die erhoffte Leistung) auch tatsächlich entwickelt. Entscheidend dafür
ist nach Sarges (2000) die Motivation (das „Wollen"). Nur dann, wenn die Person
die Lernfähigkeit und Lernbereitschaft aufweist, sich den notwendigen zukünftigen Anforderungen anzupassen, erscheint der High-Potential-Status gerechtfertigt.

▶ Ein High Potential muss klar erkennen lassen, dass er über die notwendige Motivation verfügt, zukünftig den Anforderungen an erfolgskritische Positionen gerecht zu werden.

Zudem ist neben dem „Wollen" das „Dürfen" zu betonen. Damit sind die organisationalen Rahmenbedingungen gemeint, die die Entfaltung von Potenzial beflü-
geln oder im Keim ersticken können, z. B. in Form unzureichender Übertragung
von Verantwortung durch die Führungskraft oder einer mangelhaften Ressourcenausstattung.

▶ Wenn High Potentials zur Verbesserung der zukünftigen Wettbewerbsfähigkeit ernsthaft beitragen sollen, so sind die dafür notwendigen
   Rahmenbedingen im Unternehmen gründlich zu überprüfen. Notwendige Änderungen gilt es konsequent umzusetzen und die dafür erforderlichen Ressourcen zur Verfügung zu stellen.

Neben den Aspekten des „Könnens", „Wollens" und „Dürfens" betonen Ready,
Conger und Hill (2010, S. 3) zudem, dass High Potentials auch eine Vorbildfunk-
tion ausüben müssen. Ihr Tun sollte stets im Einklang mit der Kultur und den
Werten des Unternehmens stehen.

Zusammenfassend lassen sich High Potentials daher wie folgt beschreiben:

▶ **High Potentials** High Potentials sind Mitarbeiter, die

1. bislang durch eine hohe Leistungsausprägung positiv aufgefallen sind,
2. das Potenzial zeigen, zukünftig erfolgskritische Positionen bekleiden zu können und zu wollen,
3. die Werte des Unternehmens als Rollenvorbilder sichtbar und glaubhaft vorleben.

Diese Definition sagt indes nichts darüber aus, wie man Leistung, Potenzial und Vorbildcharakter operationalisieren und messen kann. Für eine Identifikation von High Potentials ist dies jedoch notwendig. Entsprechend wird darauf zu einem späteren Zeitpunkt (Abschn. 5.3) näher eingegangen.

3.2   Bestandteile eines integrierten High-Potential-Management-Systems

High Potential Management stellt keinen Selbstzweck dar. Es ist vielmehr ein Mittel, um die Ziele des Unternehmens personalseitig zu unterstützen und somit einen nachhaltigen Beitrag zum Geschäftserfolg zu leisten. Damit dies gelingen kann, bedarf es einer High-Potential-Strategie. Sie stellt das Bindeglied zwischen der Unternehmensstrategie und der Identifikation erfolgskritischer Positionen dar. Sämtliche daran anknüpfende Aufgabenfelder legen hingegen ihren Fokus nicht auf die Position, sondern auf die Person. Die Abfolge der Aufgabenfelder richtet sich dabei typischerweise nach dem „Lebenszyklus" eines High Potentials. Auf die Gewinnung folgen Entwicklung und Bindung. Ritz und Sinelli (2011) weisen in ihrem Modell weiterhin das Kernaktivitätsfeld „Abgang und Kontakterhaltung" auf. Dies erscheint sinnvoll, da heutzutage nicht zwangsläufig davon ausgegangen werden kann, dass High Potentials nicht das Unternehmen verlassen, selbst dann nicht, wenn ein umfassendes und durchdachtes High-Potential-Management-System existiert. Mit einer gewissen Fluktuation ist immer zu rechnen. Es ist allerdings nicht unüblich, dass Mitarbeiter, die als High Potentials eingestuft wurden, nach einiger Zeit zum Unternehmen zurückkehren. Ein vorausschauendes High Potential Management sollte daher zum einen die Gründe für ihr Ausscheiden in Erfahrung bringen und zum anderen Maßnahmen treffen, um den Kontakt aufrechtzuerhalten und somit die Chance zu vergrößern, dass ein erfolgreicher Wiedereinstieg zu einem späteren Zeitpunkt gelingt. Weiterhin weisen einige Autoren darauf hin, dass die verschiedenen Maßnahmen in einem High-Potential-Management-System regelmäßig kontrolliert werden müssen (Silzer und Dowell 2010, S. 22). Zum einen dient dies der Fortschrittskontrolle und der frühzeitigen Identifikation von Abweichungen. Zum anderen stehen HR und dessen Arbeit häufig in der Kritik, den Wertbeitrag nicht oder nur unzureichend nachweisen zu können. Demzufolge sollte ein High-Potential-Management-System nach Möglichkeit ein dezidiertes Controlling aufweisen.

Wenngleich HR im High Potential Management durch die zuvor beschriebenen Aufgabenfelder eine wichtige Rolle spielt, ist der Erfolg eines High Potential Managements dadurch noch lange nicht garantiert. Erfolgsentscheidend ist die Schaffung einer High-Potential-Kultur (Weinert 2016). In dieser wird Leistung von Mitarbeitern nicht nur eingefordert, sondern aktiv gefördert und anerkannt. Eine zentrale Rolle in diesem Zusammenhang spielen die Führungskräfte, vom Top Management angefangen bis hin zur Teamleiterebene. Es ist Aufgabe all dieser Führungskräfte, potenzielle High Potentials zu identifizieren und zu entwickeln. HR unterstützt sie lediglich dabei.

Eine solche Kultur kann nicht zwangsläufig vorausgesetzt werden, oftmals gilt es diese zu entwickeln. Ein solcher Prozess ist langwierig und nur bedingt steuerbar. Nehmen Führungskräfte und HR jedoch ihre Rolle aktiv wahr und werden sichtbare Zeichen deutlich, z. B. indem zentrale Positionen durch High Potentials aus dem eigenen Talent Pool besetzt werden, so erhöht sich die Wahrscheinlichkeit merklich, dass eine High-Potential-Kultur zur Entfaltung kommen kann.

Ein systematisches High Potential Management wird neben den beschriebenen unternehmensinternen Einflussfaktoren zudem von externen Größen beeinflusst. Dazu zählt beispielsweise der Einfluss von Wettbewerbern, die gegebenenfalls aktiv auf High Potentials des Unternehmens zugehen und diese abwerben. In Zeiten des wirtschaftlichen Aufschwungs sind High Potentials grundsätzlich eher bereit, die Angebote von Wettbewerbern anzunehmen, als in Zeiten des Abschwungs, in der die Sicherheit eines festen und bereits seit längerer Zeit bestehenden Arbeitsverhältnisses bevorzugt wird. Die allgemeine Arbeitsmarktsituation und der Fachkräftemangel, der in bestimmten Branchen oder Berufsfeldern bereits existiert, wirken sich ebenfalls auf das High Potential Management aus, beispielsweise in Form der Frage, ob High Potentials überwiegend extern rekrutiert oder innerhalb der vorhandenen Belegschaft identifiziert werden sollen.

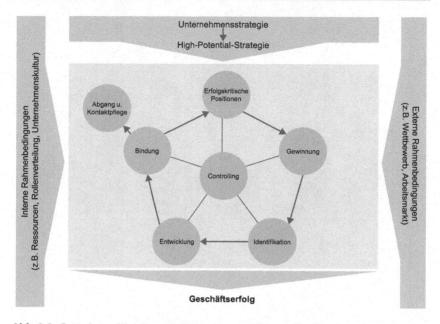

Abb. 3.2   Integriertes High-Potential-Management-System. (Quelle: eigene Darstellung)

Die Gesamtheit dieser Überlegungen führte dazu, dass ein systematisches High Potential Management eine Vielzahl von Aufgabenfeldern in sich vereint. Diese sollten miteinander in einem engen Austausch stehen, d. h. einem integrierten Ansatz folgen. Ein solch ganzheitliches System ist in Abb. 3.2 dargestellt.

Strategisches High Potential Management

4

Das High Potential Management dient dem Zweck, die Unternehmensstrategie zu unterstützen, um so zur gesamtunternehmerischen Zielerreichung beizutragen. Die Unternehmensstrategie gibt dabei zunächst vor, mit welchem Maßnahmenbündel sich das Unternehmen im Wettbewerb positionieren sollte (Porter 1999) und welche Ressourcen notwendig sind, um langfristig den Geschäftserfolg zu sichern (Barney 1991). Die Verknüpfung zwischen Unternehmens- und High-Potential-Strategie kann dabei in Anlehnung an Scholz (2011) vier verschiedene Ausprägungen vorweisen (Abb. 4.1), die sich in ihrer Sinnhaftigkeit und ihrem Auftreten in der Praxis deutlich voneinander unterscheiden.

Die Darstellung oben links in Abb. 4.1 stellt eine in der Praxis häufig vorkommende Variante dar. Die High-Potential-Strategie ist der Unternehmensstrategie nachgelagert. Sie übersetzt zwar deren Vorgaben in einen personalbezogenen Kontext, weist aber einen reaktiven Charakter auf. Variante zwei oben rechts besagt, dass Unternehmensstrategie und High-Potential-Strategie voneinander unabhängig sind und daher gegebenenfalls in unterschiedliche Richtung weisen. Ein solches Vorgehen erscheint in den allermeisten Fällen wenig zielführend. Bei der Variante drei unten links richtet sich die Unternehmensstrategie an der High-Potential-Strategie aus. Dies ist beispielsweise in manchen Start-up-Firmen zu beobachten, wenn die Strategie des Unternehmens maßgeblich von den vorhandenen Personalressourcen, speziell dem Managementteam, abhängig gemacht wird. Idealtypisch stellt Variante vier unten rechts den Fall dar, dass Unternehmensstrategie und High-Potential-Strategie in einem integrativen Gesamtkonzept miteinander verbunden sind. Dies stellt allerdings hohe Ansprüche an die mit der Strategiekonzeption beteiligten Personen, da sie umfassende Kenntnisse von Märkten, Produkten, Wettbewerbern, Technologien etc. mit Überlegungen zu den damit einhergehenden Personalressourcen verknüpfen müssen. Diese Variante ist daher in der Praxis ebenfalls eher selten anzutreffen.

© Springer Fachmedien Wiesbaden GmbH 2018
S. Weinert, *Das High Potential Management,* essentials,
https://doi.org/10.1007/978-3-658-19977-7_4

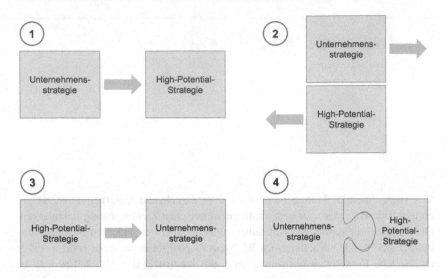

Abb. 4.1 Alternative Verknüpfung zwischen Unternehmensstrategie und High-Potential-Strategie. (Quelle: in Anlehnung an Scholz 2011, S. 44)

Trotz aller Schwierigkeiten in der Umsetzung spricht einiges dafür, dass eine enge Verknüpfung zwischen Unternehmensstrategie und High-Potential-Strategie nachhaltig dazu beiträgt, Wettbewerbsvorteile zu erzielen. Exemplarisch kann hier u. a. auf General Electric verwiesen werden. Branchenexperten sehen den Erfolg des Unternehmens eng verknüpft mit der Fähigkeit, Top-Management-Positionen regelmäßig gezielt mit hervorragenden Kandidaten aus den eigenen Reihen besetzen zu können. Ein weiteres Beispiel stellt der Pharmakonzern Merck aus den USA dar. Das Unternehmen hätte seine weltweit als führend geltende Position bei Diabetesprodukten wohl kaum erreichen können, wenn es nicht große Anstrengungen unternommen hätte, die besten Wissenschaftler für seine Forschungs- und Entwicklungsabteilung einzustellen oder intern zu identifizieren und zu fördern (Silzer und Dowell 2011, S. 24).

Anknüpfend an das zuvor Gesagte erscheint es daher fahrlässig, auf eine High-Potential-Strategie zu verzichten. In einer empirischen Studie zeigen diesbezüglich Weinert et al. (2014), dass zwar vier Fünftel (82,1 %) der Studienteilnehmer High Potentials als zentrale Mitarbeitergruppe zur Erreichung der strategischen Unternehmensziele ansehen, aber nur 57,9 % von ihnen über eine Strategie, die explizit auf High Potentials Bezug nimmt, verfügen.

Wenn eine High-Potential-Strategie konzipiert wird, so gilt es, zunächst das zukünftige Zielbild zu entwickeln. Die (Teil-)Ziele sollten dabei stets *SMART* sein, d. h. spezifisch, messbar, akzeptiert, realistisch und terminiert (Doran 1981). Konkret bedeutet das, im High Potential Management sicherzustellen, dass jederzeit genügend Nachfolgekandidaten mit den notwendigen Kompetenzen für erfolgskritische Positionen vorhanden sind. Zu diesem Zweck gilt es, in einem nachfolgenden Schritt eine sogenannte *Talent Pipeline* zu entwickeln. Grundlage dafür ist wiederum der *Talent Pool,* dem alle identifizierten High Potentials angehören.

▶ Der Aufbau einer Talent Pipeline und eines Talent Pools ist zum einen abhängig von Ressourcen und Fähigkeiten des Unternehmens, zum anderen von externen Einflüssen wie Arbeitsmarkttrends oder Maßnahmen der Wettbewerber. Daher ist es zu empfehlen, dass diese Instrumente stets einen „Risikopuffer" beinhalten, d. h., es sollten nach Möglichkeit etwas mehr High Potentials vorhanden sein als zu besetzende Stellen, schließlich ist ein Ausfall oder eine ungeplante Abwanderung von High Potentials nie völlig auszuschließen.

Der oben genannten Messbarkeit von Zielen geschuldet, ist ein weiterer zentraler Bestandteil der Strategieentwicklungsphase der Einbezug geeigneter Kennzahlen zur Fortschritts-, Abweichungs- und Erfolgskontrolle (Boudreau und Ramstad 2006). Nur so kann sichergestellt werden, dass der wirtschaftliche Mehrwert eines integrierten High Potential Managements nachgewiesen werden kann. Zudem helfen Kennzahlen und deren regelmäßige Überprüfung dabei, kritische Abweichungen frühzeitig zu identifizieren. Ein zeitnahes Gegensteuern wird so ermöglicht. Die wohl wichtigste Kennzahl stellt in dem hier beschriebenen Kontext nicht die Anzahl der High Potentials dar, sondern die Anzahl der „Ready Candidates", die beschreibt, wie viele High Potentials unverzüglich imstande sind, erfolgskritische Positionen adäquat zu besetzen.

Schließlich beinhaltet die Strategieentwicklungsphase die Benennung der verantwortlichen Personen und die Bestimmung des Ausmaßes ihrer Entscheidungsbefugnisse.

▶ Die ausgearbeitete High-Potential-Strategie sollte schriftlich dokumentiert werden, um das Risiko möglicher Fehlinterpretationen zu minimieren. Die zentralen Botschaften und Handlungserfordernisse gilt es dabei möglichst kurz und prägnant aufzubereiten.

Unterstützende Human-Resource-Aufgabenfelder

5

5.1 Bestimmung und Besetzung erfolgskritischer Positionen

HR unterstützt das High Potential Management, indem verschiedene Aufgabenfelder wahrgenommen werden. Zu Beginn sollte, ausgehend von der Unternehmensstrategie, die Bestimmung erfolgskritischer Positionen stehen. Das Augenmerk liegt dabei nicht auf den aktuell wichtigen Positionen. Vielmehr ist der Frage nachzugehen, welche Positionen zukünftig von zentraler Bedeutung für den Geschäftserfolg sein werden. Ein Beispiel dafür sind Positionen, die im Bereich Suchmaschinenoptimierung bzw. Search Engine Optimization (SEO) angesiedelt sind. Diese waren noch vor wenigen Jahren weit estgehend unbekannt. Durch die Verbreitung des Internets tätigen Kunden ihre Käufe aber verstärkt online. Marketingexperten, die sich mit SEO auseinandersetzen, sorgen u. a. dafür, dass die Produkte oder Dienstleistungen des Unternehmens möglichst prominent auf den einschlägigen Suchmaschinen platziert sind. Vorausschauende Unternehmen haben diese Entwicklung frühzeitig erkannt und bereits vor Jahren damit begonnen, SEO-Positionen aufzubauen.

Die große Mehrheit der Unternehmen führt indes keine systematische Analyse von erfolgskritischen Positionen durch. Die Gründe dafür sind vielfältig: Zum einen scheint bei vielen Managern das Bewusstsein für die Bedeutung der Position im Gegensatz zur Person (noch) nicht ausreichend vorhanden zu sein, zum anderen fehlt es an konkreten Hilfestellungen, wie erfolgskritische Positionen ermittelt werden können.

Für die Ermittlung erfolgskritischer Positionen lassen sich als erste Ansatzpunkte eventuell vorhandene Daten und Strukturen eines *Grading-Systems* mit entsprechenden Funktionsbewertungen und Positionsbeschreibungen nutzen. Im Kern bedarf es indes klarer Kriterien. Wenngleich diese von Unternehmen zu

© Springer Fachmedien Wiesbaden GmbH 2018
S. Weinert, *Das High Potential Management,* essentials,
https://doi.org/10.1007/978-3-658-19977-7_5

Unternehmen in Abhängigkeit von Strategie, Branche, Unternehmensgröße oder Markt variieren, lassen sich dennoch Gemeinsamkeiten herausarbeiten, die eine erste Grundlage für die Identifikation erfolgskritischer Positionen darstellen.

▶   **Kriterien zur Identifikation erfolgskritischer Positionen**

   • Strategischer Fokus der Position
   • Wertbeitrag der Position
   • Konsequenzen einer Positionsvakanz

   (Yussefi und Weinert 2009)

Die Relevanz einer Position lässt sich zu einem erheblichen Anteil aus ihrem strategischen Fokus ableiten. Folgende exemplarische Fragen sollten in diesem Zusammenhang gestellt werden: Liegt der Fokus der Position auf dem Aufbau einer Vision und der Gestaltung einer langfristigen Unternehmensstrategie? Oder ist der Fokus eher taktisch und liegt z. B. auf der Konzeption kurz- bis mittel-fristiger Businesspläne? Oder aber ist die Position auf die Erzielung kurzfristiger operativer Ziele ausgerichtet?

Die Bedeutung einer Position lässt sich zudem anhand ihres theoretischen finanziellen Wertbeitrags bestimmen. Beispielhaft sollte gefragt werden: Welche Einflussmöglichkeiten hat die Position im Vergleich zu anderen Positionen der-selben Hierarchieebene auf den Umsatz oder Gewinn des Unternehmens? Ist die Position dazu bestimmt, den Marktanteil einzelner Produkte oder sogar ganzer Produktlinien zu optimieren?

Die negativen Folgen, die die Vakanz einer entsprechenden Position mit sich bringt, lassen Rückschlüsse auf ihre Bedeutung zu. Entsprechend gilt es u. a. zu fragen: Würde die Nichtbesetzung der Position zu einem signifikanten Rück-gang eines Geschäftsbereichs oder einer Abteilung führen? Wäre die Zielset-zung erfolgskritischer Projekte maßgeblich gefährdet? Könnte eine längerfristige Vakanz der Position die Beziehungen zu relevanten Stakeholdern nachhaltig ver-schlechtern?

Mithilfe der hier exemplarisch aufgeführten Kriterien lässt sich die Anzahl der potenziell erfolgskritischen Positionen gezielt eingrenzen. Darauf aufbauend bie-tet sich in einem nächsten Schritt die Durchführung einer sogenannten *Anforde-rungsanalyse* an, auf deren Ergebnisse auch in anderen Aufgabenfeldern des High Potential Managements, speziell im Kontext der Identifikation und der Entwick-lung, zurückgegriffen werden sollte.

▶ **Anforderungsanalyse** Eine Anforderungsanalyse umfasst die Ermittlung berufsrelevanter Voraussetzungen einer Person für eine zu besetzende Position (Kauffeld und Grohmann 2011, S. 98).

Positionen liefern jedoch nur potenziell einen Wertbeitrag, der erst durch den entsprechenden Positionsinhaber realisiert werden kann. Daher gilt es, nach der Ermittlung erfolgskritischer Positionen, das Augenmerk auf die Personen zu legen. Damit befassen sich die nachfolgenden Kapitel.

5.2 Gewinnung

Mögliche High Potentials lassen sich sowohl außerhalb als auch innerhalb des Unternehmens finden. In beiden Fällen ist es wichtig, das Unternehmen als glaubwürdigen und attraktiven Arbeitgeber bei den anvisierten Zielgruppen darzustellen und von seinen Wettbewerbern abzuheben. Um dieses Ziel zu erreichen, eignet sich das *Employer Branding* (Beck 2008; Petkovich 2008).

▶ **Employer Branding** Employer Branding ist die identitätsbasierte, intern wie extern wirksame Entwicklung und Positionierung eines Unternehmens als Arbeitgeber. Kern des Employer Branding ist immer eine die Unternehmensmarke spezifizierende oder adaptierende Arbeitgebermarkenstrategie. Entwicklung, Umsetzung und Messung dieser Strategie zielen unmittelbar auf die nachhaltige Optimierung von Mitarbeitergewinnung, Mitarbeiterbindung, Leistungsbereitschaft und Unternehmenskultur sowie die Verbesserung des Unternehmensimages. Mittelbar steigert Employer Branding außerdem das Geschäftsergebnis sowie den Markenwert (Deutsche Employer Branding Akademie 2008).

Durch das Employer Branding soll eine unternehmenstypische und differenzierende Arbeitgebermarke bzw. Employer Brand aufgebaut werden. Diese fasst die individuellen Vorzüge des Unternehmens als Arbeitgeber kompakt in einer sogenannten *Employee Value Proposition* (EVP) zusammen. Die EVP, die im Idealfall das unverwechselbare Alleinstellungsmerkmal des Unternehmens als Arbeitgeber bildet, erfüllt in diesem Zusammenhang nach Wiese (2005, S. 30) verschiedene nutzenstiftende Funktionen. Für den Bewerber senkt sie zunächst die mit der Suche nach einem potenziellen Arbeitgeber verbundenen Transaktionskosten, denn sie reduziert den Suchaufwand, schafft Orientierung und erleichtert letztlich die Entscheidungsfindung. Wird durch die EVP ein positives Image vermittelt, minimiert sie zudem das subjektive Empfinden des Bewerbers, eine Fehlentscheidung bezüglich der Arbeitgeberwahl zu treffen. Damit einhergehend wird die Grundlage einer hohen Identifikation geschaffen, die zu einer verbesserten Bindung und Leistungsmotivation führen kann.

Eine gute EVP bringt zudem dem Arbeitgeber einige Vorteile. Sie erleichtert zunächst einmal die Ansprache der Bewerber. Das Ziel dabei ist nicht, die Anzahl der Bewerbungen zu erhöhen, sondern die richtigen Bewerber anzusprechen. Anders ausgedrückt: Der Nutzen einer wirkungsvollen EVP bemisst sich nicht in der Quantität der Bewerber, sondern in deren Qualität. Damit einhergehend ist auch eine Senkung der Rekrutierungskosten verbunden. Schließlich strahlt die EVP auch nach innen auf die bereits vorhandenen Mitarbeiter aus. Die Schaffung eines „Great place to work"-Images wird dadurch gefördert, mit möglichen positiven Auswirkungen auf Motivation, Mitarbeiterzufriedenheit und Bindung. Zudem zeigen Studien, dass eine erfolgreiche EVP sogar auf sonstige Stakeholder wie bspw. Kunden oder Lieferanten positiv ausstrahlt.

Eine erfolgreiche EVP setzt allerdings voraus, dass sie Kriterien in sich vereint, die von der Zielgruppe als attraktiv wahrgenommen werden. Welche das sind, ist Gegenstand zahlreicher Studien. Teilweise werden diese durch privatwirtschaftliche Dienstleister durchgeführt, insbesondere durch Marktforschungsinstitute. Exemplarisch sei hier auf das Ranking der „Top 100 Arbeitgeber" von Universum oder der trendence Institut GmbH verwiesen, die seit dem Jahr 1999 jährlich die sogenannten „Barometerstudien" durchführt. Dabei werden laut Aussage von trendence jedes Jahr ca. 50.000 Schüler, Absolventen oder Young Professionals u. a. danach befragt, welche Faktoren für sie einen attraktiven Arbeitgeber ausmachen. Auch im wissenschaftlichen Kontext findet man vergleichbare Studien. Diese ermitteln zum Teil nicht nur relevante Attraktivitätsfaktoren verschiedener Zielgruppen. Sie ordnen diese auch, indem sie die Faktoren zu möglichst einheitlichen, homogenen Gruppen zusammenfassen (Lohaus et al. 2013).

Derartige Studien und Klassifizierungen geben erste Hinweise darauf, welche Kriterien Arbeitgeber aufweisen sollten, damit sie von potenziellen Bewerbern in die engere Auswahl genommen werden. Aus zweierlei Gründen können sie aber auch kritisch betrachtet werden: Zum einen sind ihre Aussagen relativ generisch, da sie sich auf die Präferenzen großer und weiterhin äußerst heterogener Gruppen beziehen, z. B. auf Absolventen der Wirtschaftswissenschaften. Selbst wenn diese Gruppe durch die Hinzunahme weiterer Kriterien ausdifferenziert wird (z. B. Geschlecht, Hochschultyp, Bundesland), bleiben die Aussagen sehr allgemein. Zum anderen sind die Ergebnisse solcher Studien mittlerweile hinlänglich bekannt und für jedermann leicht zugänglich. Ein Wissens- und damit Wettbewerbsvorteil im Kampf um die besten Köpfe lässt sich dadurch kaum mehr realisieren. Eine unternehmensspezifische Analyse erscheint daher unabdingbar, um die Präferenzen der Zielgruppen in Erfahrung zu bringen.

Sind die EVP-Attribute ermittelt, gilt es, sie im nächsten Schritt erfolgreich zu kommunizieren. Hierzu eignet sich eine große Anzahl an Medien, z. B. Mitarbeitergespräche, Intranet, Unternehmens-Newsletter für die interne Kommunikation, Stellen- und Imageanzeigen, Auftritte auf Job-Messen sowie die Nutzung von Web 2.0 und karrierebezogenen sozialen Medien wie XING oder LinkedIn für die externe Kommunikation. Einen besonderen Stellenwert weisen für die externe Kommunikation Karrierewebseiten auf. Sie dienen als der zentrale Anlaufpunkt für potenzielle Bewerber. Ihre Bedeutung fasst Meyer (2014, S. 108) im folgenden Zitat prägnant zusammen: „Mit keinem anderen Medium können Unternehmen ihre potenziellen Bewerber über das Stellenangebot und das Unternehmen als Arbeitgeber aktueller, ausführlicher und kostengünstiger informieren." Ihre Stellung wird auch dadurch deutlich, dass praktisch alle anderen Kommunikationsmittel (z. B. Stellenanzeigen, Social-Media-Plattformen) auf die Karrierewebseite verweisen. Die jährlich durchgeführte Studie „Recruiting Trends" zeigt weiterhin, dass mit Abstand die meisten Vakanzen auf der unternehmenseigenen Karrierewebseite veröffentlicht werden. Auch dieser Sachverhalt unterstreicht abermals ihren zentralen Stellenwert. Die Wahl der Kommunikationskanäle und -medien richtet sich dabei wiederholt an den jeweiligen Zielgruppen aus.

Neben inhaltlichen Gesichtspunkten und der Wahl der Kommunikationskanäle ist zudem auf die Tonalität zu achten, mit der die Botschaften vermittelt werden. Auch diese sollte zielgruppengerecht angepasst sein. Zudem sollte die Gestaltung der Botschaften im Einklang mit der Corporate Identity stehen, um einen einheitlichen Auftritt zu gewährleisten.

5.3 Identifikation

Wie in Abschn. 3.1 bereits erwähnt, lassen sich High Potentials als Mitarbeiter charakterisieren, die

1. bislang durch eine hohe Leistungsausprägung positiv aufgefallen sind,
2. das Potenzial zeigen, zukünftig erfolgskritische Positionen bekleiden zu können und zu wollen,
3. die Werte des Unternehmens als Rollenvorbilder sichtbar und glaubhaft vorleben.

Die Beobachtung und Bewertung von Leistung fällt in diesem Zusammenhang noch vergleichsweise einfach aus. Zielvereinbarungen, auch bekannt als *Performance*

Reviews, werden hierfür häufig angewandt (für eine detaillierte Darstellung siehe bspw. Stöwe und Beenen 2012). Zur Identifikation von High Potentials stellt es für Unternehmen im deutschsprachigen Raum sogar das mit Abstand verbreitetste Instrument dar (Weinert et al. 2014). Die Grundidee dabei ist, dass Führungskräfte ihren Mitarbeitern nicht Aufgaben vorgeben, sondern Ziele. Noch erfolgversprechender ist es, wenn die zu erreichenden Ziele gemeinsam vereinbart werden. Die motivationssteigernde Wirkung der Führung durch Ziele basiert dabei auf der Zielsetzungstheorie (Locke und Latham 1990, 2002), die empirisch wiederholt bestätigt werden konnte (Fried und Slowik 2004; Fu et al. 2009).

Zielvereinbarungen sind in der Regel auf einen Zeitraum von zwölf Monaten angelegt. Zu Beginn der Periode werden im Rahmen eines Zielvereinbarungsgesprächs zwischen Führungskraft und Mitarbeiter Leistungsziele für die kommende Periode festgelegt, die aus den übergeordneten Unternehmenszielen abgeleitet werden. Da besonders bei komplexen und auf einen relativ langen Zeitraum ausgerichteten Zielen Feedback über den Zielfortschritt wichtig ist, empfiehlt es sich, nach spätestens einem halben Jahr ein „Zwischen- oder Meilensteingespräch" durchzuführen, um bei größeren Abweichungen vom Zielkorridor noch rechtzeitig unterstützend einwirken zu können. Nach Ablauf der zwölf Monate findet ein Abschlussgespräch statt. Der vereinbarte Soll- wird in diesem Rahmen mit dem erreichten Istzustand abgeglichen. Dies dient nicht nur der Kontrolle. Durch die Abweichungsanalyse sollen zudem Rückschlüsse für Verbesserungen für alle Beteiligten abgeleitet werden. Diese dienen als Input für die nächste Zielvereinbarungsperiode.

Je nach unternehmerischer Ausgestaltung können Zielvereinbarungsprozesse nicht nur für Leistungsbeurteilungs- und Feedbackzwecke genutzt werden. Möglich ist auch die Verknüpfung der Leistungsziele mit variablen Vergütungsbestandteilen, insbesondere Boni, deren Höhe je nach Zielerreichungsgrad variiert. Manche Unternehmen koppeln den Zielvereinbarungsprozess auch mit Personalentwicklungszielen. Der klassische Performance Review Process wird so mit einem Development Review Process verbunden. Die von den Personalentwicklungszielen abgeleiteten Maßnahmen können im Idealfall direkt dazu beitragen, die Leistungsziele zu erreichen.

Zielvereinbarungsprozesse ermöglichen somit die Identifikation von überdurchschnittlicher und kontinuierlicher Leistungserbringung im High Potential Management. Manche Unternehmen gehen aber noch einen Schritt weiter und koppeln den Zielvereinbarungsprozess mit einer Potenzialaussage. Dies geschieht im sogenannten *Talent Review Process,* einem mehrstufigen Nominierungs- und Bewertungsprozess (Abb. 5.1). Die Führungskräfte auf allen Unternehmensebenen sind hier aufgefordert, eine Potenzialaussage für besonders leistungsstarke

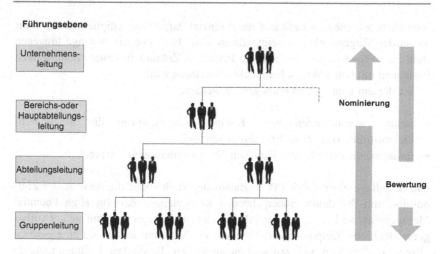

Abb. 5.1 Talent Review Process. (Quelle: eigene Darstellung)

Mitarbeiter abzugeben. Die Nominierten werden daraufhin von der nächsthöheren Führungsebene kritisch bewertet, abgelehnt oder bestätigt. Dieser Prozess wird bis hin zur höchsten Führungsebene fortgesetzt. Die übrig gebliebenen Kandidaten werden abschließend in einer Talent Conference besprochen, die meistens durch HR moderiert wird. Teilweise werden in diesem Rahmen auch individuelle Personalentwicklungs- und Besetzungsentscheidungen gefällt. Handelt es sich bei den Kandidaten um Nachwuchsführungskräfte, werden diese – wenn vorhanden – in den unternehmenseigenen Talent Pool aufgenommen.

Der Talent Review Process verbindet somit eine Bottom-up-Nominierung mit einer Top-down-Bewertung, die sämtliche Führungsebenen einbezieht. Ein solches Vorgehen bringt Vor- und Nachteile mit sich und sollte somit für jedes Unternehmen individuell geprüft werden. Vorteilhaft ist vor allem, dass sich Führungskräfte regelmäßig und intensiv mit ihren Mitarbeitern im Rahmen des High Potential Managements auseinandersetzen müssen. Darüber hinaus kann ein solcher Prozess, wenn er professionell betrieben wird, in der Belegschaft eine große motivationsstiftende Wirkung entfalten, denn er macht deutlich, dass Leistung sichtbar und wertgeschätzt wird. Dennoch spricht auch einiges gegen den Talent Review Process, u. a., dass ein solcher Nominierungs- und Bewertungsprozess überaus aufwendig und damit zeitintensiv ist. Besonders kritisch ist jedoch zu sehen, dass Führungskräfte auf Basis von Leistungsdaten eine Potenzialaussage treffen sollen. Wie in Abschn. 3.1 bereits diskutiert, stellt Leistung keinen

sonderlich brauchbaren Indikator für Potenzial dar, da sie lediglich ein Maß für das in der Vergangenheit gezeigte Können ist. Eine Potenzialaussage hingegen stellt eine Prognose dar, ob sich die Person in Zukunft in neuen, komplexeren Positionen mit hoher Wahrscheinlichkeit bewähren wird.
Vor diesem Hintergrund muss gefragt werden,

- welche Kompetenzen bzw. Kompetenzausprägungen die mögliche(n) Zielposition(en) aufweist bzw. aufweisen und
- inwiefern die betreffenden Personen den Anforderungen entsprechen.

Die Grundlage einer validen Potenzialaussage stellt somit die Analyse der Zielposition und der damit einhergehenden Kompetenzen dar. Im High Potential Management werden High Potentials jedoch selten ausgewählt, um sie auf vorher genau definierte Zielpositionen vorzubereiten. Vielmehr sollten sie eine gewisse „Breite" in ihrer Kompetenzausstattung aufweisen, die sie dazu befähigt, mehrere mögliche Zielpositionen, z. B. innerhalb der Job-Familie „Finanzen und Controlling", zukünftig erfolgreich einnehmen zu können. Entsprechend bietet es sich an, Kompetenzprofile zu erstellen, die nicht positionsspezifisch sind, sondern positionsübergreifende Relevanz besitzen. Ein Beispiel dafür stellt das in Abschn. 5.4 abgebildete anonymisierte Kompetenzprofil dar, das für alle (Nachwuchs-)Führungskräfte des Unternehmens gültig ist (Abb. 5.2).

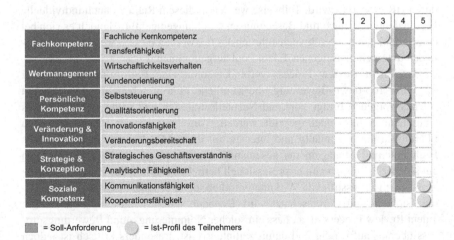

= Soll-Anforderung   = Ist-Profil des Teilnehmers

Abb. 5.2 Gegenüberstellung zwischen Anforderungs- und Eignungsprofil in einem Kompetenzprofil. (Quelle: eigene Darstellung)

Eine Kompetenz ist ein gedankliches Konstrukt, das nur indirekt messbar ist. Um die Ausprägungsstärke einer Kompetenz beurteilen zu können, muss sie zunächst operationalisiert werden. Dafür bieten sich sogenannte „Verhaltensanker" an. Darunter sind beobachtbare Verhaltensindikatoren zu verstehen. Über die Beobachtung von Verhalten wird folglich auf die dahinterliegende Kompetenz geschlossen. Ein Beispiel für eine über Verhaltensanker operationalisierte Kompetenz ist nachfolgend zu finden.

Operationalisierte Kompetenz „Kundenorientierung"

	1	2	3	4	5
Ist offen für unterschiedliche Anforderungen seitens der Kunden.					
Entwickelt pro-aktiv Lösungen für ihre/seine Kunden.					
Hat ein klares Konzept von Kundenorientierung.					
Hat ein persönliches Selbstverständnis als Dienstleister; engagiert sich in hohem Maß.					
Kennt und berücksichtigt die Bedürfnisse ihrer/seiner Kunden.					

Durchschnittliche Gesamtbewertung

Interpretation der Skala:
1 = schwach ausgeprägt, zentraler und wichtiger Entwicklungsaspekt
2 = Potenzial vorhanden, jedoch klares Lernfeld
3 = keine markante Ausprägung, weder profilierte Stärke noch Verbesserungsnotwendigkeit
4 = sehr gute Leistung, deutliche Stärken in diesem Bereich
5 = markante Leistung, ungewöhnlich hohe Ausprägung

Im nächsten Schritt kann dann überprüft werden, inwieweit die Eignung der Personen den jeweiligen Anforderungen entspricht. Dafür bieten sich verschiedene Verfahren der berufsbezogenen Eignungsdiagnostik an (Abb. 5.3).

Das Mittel der Wahl für die Potenzialanalyse im High Potential Management stellen Assessment Center dar. Dabei handelt es sich um ein flexibles Beurteilungsverfahren, das zwar häufig auf Simulationen basiert, aber prinzipiell eine Kombination von Instrumenten aus allen Verfahrensklassen zulässt. Werden diese sinnvoll zusammengestellt, ist das Assessment Center theoretisch allen Einzelverfahren überlegen. Denn die Obergrenze für die sogenannte „prognostische Validität" für ein Einzelverfahren liegt bei circa $r = 0{,}5$. Dieser Wert beschreibt den statistischen Zusammenhang zwischen Verfahrensergebnis und späterem Berufserfolg. Doch dieser Wert kann durch die Zusammenstellung mehrerer Verfahren auf bis zu $r = 0{,}7$ angehoben werden (Schuler 2000, S. 172). Dies entspricht immerhin einer „Trefferquote" von knapp 50 % ($r = 0{,}7$ entspricht $r^2 = 0{,}49$ oder 49 %).

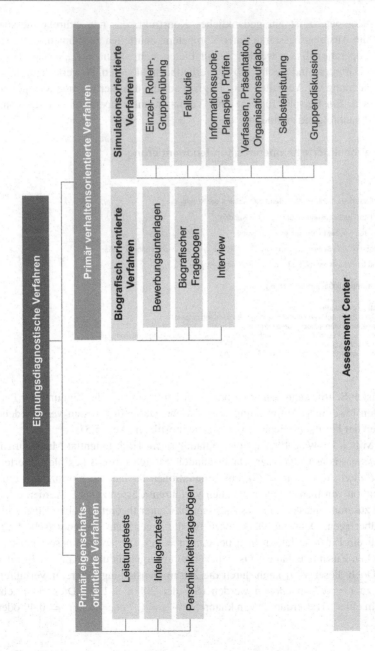

Abb. 5.3 Instrumente der beruflichen Eignungsdiagnostik. (Quelle: eigene Darstellung)

▶ Dem Leitbild der *Multi-Methodalität* folgend, sollte eine sinnvolle Zusammenstellung mehrerer eignungsdiagnostischer Verfahren vorgenommen werden, um die Prognosefähigkeit zu steigern.

In der Praxis schneiden Assessment Center im Durchschnitt allerdings wesentlich schlechter ab. Werte um $r = 0,37$ können in Meta-Studien nachgewiesen werden (Schmidt und Hunter 1998). Um im konkreten unternehmerischen Einzelfall wesentlich bessere Werte erzielen zu können, sind bei der Vorbereitung und Durchführung einige Prinzipien anzuwenden (Tab. 5.1; siehe hierzu auch Paschen et al. 2005, S. 17–20; Bröckermann 2007, S. 143 f.).

Tab. 5.1 Qualitätsprinzipien von Assessment Centern. (Quelle: eigene Darstellung)

Prinzip	Beschreibung
Anforderungsbezug	Die Übungen müssen geeignet sein, um ein bestimmtes Verhalten oder einen bestimmten Kompetenzzustand sichtbar zu machen
Berufsbezug	Die Übungsinhalte werden nur dann von den Beteiligten akzeptiert, wenn sie einen direkten Bezug zu deren Business-Wirklichkeit aufweisen
Methodenvielfalt	Die Übungen decken idealerweise nicht nur alle Anforderungen ab, jede Anforderung wird zudem durch mindestens zwei verschiedenartige Übungen beobachtbar
Strukturierte Beobachtung	Die Beobachtung folgt einem standardisierten Vorgehen. Die einzelnen Anforderungen pro Übung sind genau beschrieben und durch konkrete Verhaltensbeispiele operationalisiert
Beobachtung durch Führungskräfte	Die Beobachtung erfolgt weitestgehend durch Führungskräfte des Unternehmens selbst, unterstützt durch HR-Experten und ggf. ausgesuchte externe Diagnostikspezialisten. Die Beobachter sind im Vorfeld zu schulen, damit eine effektive Durchführung und Beurteilung gewährleistet wird
Transparenz	Wenngleich den Teilnehmern aus naheliegenden Gründen keine Detailinformationen zu den Übungen und den dahinter liegenden Anforderungen gegeben werden können, so sollten sie jedoch so umfassend wie möglich über Ziel, Ablauf und nachfolgende Schritte im Anschluss an das Assessment Center informiert werden
Gemeinsame Interpretation und Bewertung	Die Bewertung erfolgt getrennt von der Beobachtung und findet im Nachgang im Rahmen einer Beobachterkonferenz gemeinsam statt. Von Pauschalbewertung ist abzusehen. Vielmehr basieren die Bewertungen auf konkreten Beobachtungsbeispielen. Weiterhin ist bereits im Vorfeld festgelegt, inwieweit Abweichungen zwischen Eignungs- und Anforderungsprofil zulässig sind und wie die Gesamtbeurteilung zustande kommt

Neben der Beobachtung und Beurteilung von Kompetenzen sollte gleichzeitig immer versucht werden, wichtige Persönlichkeitsvariablen, speziell die Motivation, mit zu erfassen. Dafür eignen sich ergänzende Interviews oder spezielle Persönlichkeitsfragebögen besonders gut.

Da sowohl die Entwicklung von Kompetenzprofilen als auch die Planung und Durchführung von Assessment Centern zeit- und kostenintensiv ist, kann alternativ auch auf allgemeine Potenzialtreiber zurückgegriffen werden. Darunter sind Persönlichkeitseigenschaften subsumiert, die wiederholt und empirisch nachweisbar besonders erfolgreiche Personen im Berufskontext aufweisen. Hoffman et al. (2011) befassen sich in diesem Kontext beispielsweise mit dem Zusammenhang zwischen Personenmerkmalen und Führungserfolg und zeigen, dass speziell Charisma, Management- und Problemlösungsfertigkeiten sowie Entscheidungsverhalten von besonders herausragender Bedeutung zu sein scheinen. Andere Autoren zählen ergänzend Lernfähigkeit, Leistungsmotivation, Veränderungsfähigkeit und kognitive Leistungsfähigkeit hinzu (Enaux und Henrich 2011, S. 29 f.).

Diese und ähnliche Potenzialtreiber können als eine erste hilfreiche Ausgangsbasis für die Identifikation von High Potentials angesehen werden. Aufgrund ihrer generischen Natur werden sie jedoch der individuellen unternehmerischen Situation schwerlich gerecht. Verantwortliche Entscheider sind daher gut beraten, wenn sie nach Möglichkeit den Aufwand für Anforderungsanalysen, Erstellung von Kompetenzprofilen und den Einsatz geeigneter eignungsdiagnostischer Instrumente ernsthaft in Betracht ziehen.

5.4   Entwicklung

Die Entwicklung der identifizierten High Potentials stellt eine Kernaufgabe des integrierten High Potential Managements dar. Damit diese gezielt und effizient ablaufen kann, empfiehlt sich eine systematische Vorgehensweise, deren Ausgangspunkt nach Becker (2011) der Abgleich zwischen erforderlicher Leistung (Soll) und aktuell gezeigter Leistung (Ist) ist. Hier zeigt sich besonders gut der Mehrwert der im letzten Kapitel thematisierten Kompetenzprofile sowie der eignungsdiagnostischen Verfahren zur Potenzialanalyse. Die Kompetenzprofile zeigen auf, welche Anforderungen an High Potentials vonseiten der Unternehmen gestellt werden. Sie bilden somit den geforderten Sollzustand ab. Der Istzustand bezieht sich auf die Personen, deren Eignung durch den gezielten Einsatz von Assessment Centern oder anderen eignungsdiagnostischen Verfahren abgeschätzt wurde. Ein grafischer Vergleich zwischen Anforderungs- und Eignungsprofil hilft dabei, Abweichungen im Sinne einer vollständigen Übereinstimmung oder einer Unter- bzw. Übererfüllung schnell zu erfassen (Abb. 5.2).

Dass es in der Praxis zu Abweichungen zwischen Anforderungs- und Eignungsprofil kommt, ist wahrscheinlich. Die Schwierigkeit besteht jedoch nicht darin, dass Abweichungen vorkommen, sondern vielmehr darin, wie mit diesen umzugehen ist. Dies gilt gleichermaßen sowohl für deutliche Abweichungen nach unten als auch nach oben. Letzteres erscheint auf den ersten Blick wenig problematisch. Doch wird ein Kompetenzprofil, das beispielsweise zur Identifikation von Nachwuchsführungskräften für den unternehmenseigenen Talent Pool angewandt wird, deutlich von einer Person übertroffen, so kann die damit verbundene Teilnahme mit Unterforderung und Demotivation einhergehen.

Wird hingegen eine Abweichung nach unten festgestellt, so ist zunächst kritisch zu fragen, ob die Person in einem absehbaren Zeitraum und mit einem vertretbaren Ressourcenaufwand überhaupt durch Personalentwicklungsmaßnahmen auf das erforderliche Niveau gebracht werden kann. Zu bedenken ist weiterhin, dass sich manche Kompetenzen relativ leicht entwickeln lassen, andere hingegen jedoch wenig.

Inwieweit Kompetenzen entwickelbar sind, lässt sich näherungsweise anhand der in Abb. 5.4 abgebildeten Kompetenzpyramide ableiten. An deren Spitze stehen Fach- und Methodenkompetenzen, die sich durch Personalentwicklungsmaßnahmen relativ gut optimieren lassen. Beispielhaft für Methodenkompetenz kann auf die Beherrschung von Projektmanagementmethoden verwiesen werden. Fachwissen bezieht sich auf berufstypische Kenntnisse, z. B. Bilanzierung nach

Abb. 5.4 Kompetenzpyramide. (Quelle: Enaux und Henrich 2011, S. 130)

IFRS. Skills bezeichnen bestimmte Fähigkeiten, z. B. wie eine Maschine korrekt bedient wird.

In der Mitte der Pyramide sind die Verhaltenskompetenzen zu finden. Diese Sozial- und Führungskompetenzen bestimmen, wie sicher im zwischenmenschlichen Bereich agiert wird. Wenngleich die Gruppe der Fach- und Methodenkenntnisse von den Verhaltenskompetenzen abgegrenzt werden kann, sind diese Gruppen jedoch nicht vollständig überschneidungsfrei. So unterstützen Fachkenntnisse in Bezug auf typische Konfliktverläufe oder das Wissen um Techniken und Methoden der Konfliktbewältigung die Kompetenz „Konfliktfähigkeit". Das Vorhandensein von Kenntnissen ist allerdings nicht ausreichend, um von Kompetenz zu sprechen. Hierfür müssten die jeweiligen Kenntnisse erst situationsadäquat und erfolgreich angewendet werden.

Die Basis der Pyramide bilden grundlegende Motive, Werte und Überzeugungen. Diese beeinflussen die darüber liegenden Kompetenzen, sind also wiederholt nicht als überschneidungsfrei zu betrachten. Deren Besonderheit ist allerdings, dass sie zeitlich überaus stabil und daher – wenn überhaupt – höchstens mit intensiven Interventionen mittel- bis langfristig veränderbar sind. Ein Beispiel dafür ist sogenannte „analytische Kompetenz". Diese ist zu einem Großteil bestimmt durch die Intelligenz, eine stabile Disposition, die sich gegen Trainings- oder andere Personalentwicklungsmaßnahmen immun zeigt. Paschen und Dihsmaier (2014) weisen aber darauf hin, dass analytische Kompetenz mehr ist als Intelligenz. Letztere hilft intuitiv dabei, Komplexität schnell zu durchdringen, Muster zu erfassen und logische Schlussfolgerungen abzuleiten. Nichtsdestotrotz lässt sich ein ähnlich erfolgreiches Vorgehen auch entwickeln oder verbessern, z. B. indem man Modelle anzuwenden lernt, die dabei helfen, Komplexität zu reduzieren. Weiterhin können sich Personen aneignen, wie Erkenntnisse und Analysen sprachlich aufzubereiten und zielgruppenspezifisch bestmöglich zu vermitteln sind.

All diese Überlegungen werfen die Frage auf, welche Entwicklungsmaßnahmen heranzuziehen sind, damit Mitarbeiter zukünftig bestimmten Anforderungen gerecht werden können. Grundsätzlich bieten sich hierfür fast alle Maßnahmen der Personalentwicklung an. Der Unterschied zur „klassischen" Personalentwicklung ist aber, dass im High Potential Management eine noch stärkere Fokussierung auf den individuellen Entwicklungsbedarf des Einzelnen gelegt wird. So lassen sich in der Praxis im Rahmen von High-Potential-Programmen neben bestimmten Modulen, die für alle Teilnehmer verbindlich sind, zahlreiche Personalentwicklungsmaßnahmen für jeden Einzelnen finden. Diese sollten in einem individuellen Entwicklungsplan niedergelegt werden.

Auszug aus einem individuellen Entwicklungsplan

Entwicklungsfeld	Lernziel	Empfehlung		
		On the job	Self-Learning	Off the job
Führungskompetenz	Wirkung und Positionierung als Führungskraft	Zusammenarbeit mit einem Mentor; gegebenenfalls Coaching Inanspruchnahme kollegialer Beratung Regelmäßiges Einholen von Feedback vom Vorgesetzten sowie von Mitarbeitern und anderen Interaktionspartnern	Reflexion des eigenen Führungsanspruchs jenseits der Sachebene	Maßnahmen der Personalentwicklung zur Vermittlung von Werkzeugen der Menschenführung (v. a. Motivation jenseits der Sachebene; Mitarbeiterentwicklung; Durchsetzung als Führungskraft)

Auch bei der Personalentwicklung im High Potential Management ist neben dem bereits angesprochenen Aspekt des Könnens auch das Wollen gleichermaßen zu berücksichtigen. Die alleinige Fokussierung auf Kompetenzen und Abweichungen zwischen Anforderungs- und Eignungsprofil kann schnell dazu führen, dass Entwicklungsmaßnahmen abgeleitet werden, die zwar grundsätzlich geeignet sind, um sich dem geforderten Soll-Niveau zu nähern, doch ist damit noch lange nicht garantiert, dass die jeweilige Person auch die entsprechende Motivation zur Umsetzung der Maßnahmen zeigt. Wenn beispielsweise die Führungskompetenz nur unterdurchschnittlich ausgeprägt ist, die Person aber gar keine Ambitionen für eine Führungslaufbahn kundtut, ist von der Durchführung abzuraten. Im High Potential Management ist daher zu fragen, welches Laufbahnmodell (Führungs-, Fach- oder Projektmanagementlaufbahn) vor dem Hintergrund der individuellen Kompetenzen und Motivation weiterverfolgt werden sollte. Aufbauend auf dieser Erkenntnis lassen sich wesentlich zielführendere Personalentwicklungspläne ableiten.

5.5 Bindung

Die Bindung von Mitarbeitern gehört zu den wichtigsten Themen des High Potential Managements. Schon aus Kostengründen stellt sie eine Notwendigkeit dar. Alleine für das Training von Trainees investieren Unternehmen jährlich bereits zwischen US\$ 5000 und 40.000 pro Kopf (Marchand et al. 2004). Hinzu kommen versteckte Kosten, z. B. die Zeit, die Führungskräfte im Rahmen ihrer täglichen Arbeit als Coach und Mentor aufbringen. Weiterhin ist die Produktivität im Rahmen der Einarbeitungszeit gering, die Kosten sind hingegen überproportional groß. Verlassen solche Mitarbeiter das Unternehmen nach kurzer Zeit, gehen die getätigten Investitionen unwiederbringlich verloren (Weinert 2008).

Über die reine Kostenbetrachtung hinaus ist die Mitarbeiterbindung aber schon deshalb unverzichtbar, weil eine ausreichende Anzahl qualifizierter Mitarbeiter erst die notwendige Voraussetzung für die Sicherstellung oder den weiteren Ausbau der Wettbewerbsfähigkeit eines Unternehmens schafft. Der Mangel an Fachkräften ist dabei kein deutsches, sondern ein internationales Problem. Es ist daher nicht verwunderlich, dass die Suche und die Bindung von Leistungsträgern für Unternehmen weltweit seit Jahren hohe Priorität besitzen, wie verschiedene Studien belegen (Mercer 2007; Boston Consulting Group 2015).

Um Bindung wirkungsvoll und gezielt zu ermöglichen, sollen in diesem Kapitel drei zentrale Fragen beantwortet werden: Wie entsteht überhaupt Bindung? Wer soll gebunden werden? Welche Instrumente und Methoden sind für die Bindung besonders erfolgversprechend?

Zu den wesentlichen Voraussetzungen für Bindung zählen Arbeitszufriedenheit, soziale Identifikation und Commitment (siehe für eine ausführliche Übersicht bspw. Kanning 2017, S. 189 ff.). Diese drei Faktoren sind zwar voneinander unabhängig, sie stehen aber wechselseitig in Beziehung.

Zahlreiche Studien existieren, die nach den Bedingungen fragen, wie Arbeitszufriedenheit entsteht. Ohne Anspruch auf Vollständigkeit kann zunächst auf die wichtige Rolle der Führungskräfte verwiesen werden. Circa zwei Drittel der Arbeitszufriedenheit lassen sich durch die Führungsprinzipien Gerechtigkeit, Motivierung, Teamorientierung, Durchsetzungsfähigkeit und Delegation erklären (Walter und Kanning 2003). Neben dem Führungsverhalten ist die Gestaltung von Arbeitsbedingungen eine Quelle von Arbeitszufriedenheit. Hackman und Oldham (1976) beschreiben in ihrem „Job Characteristics Model" fünf wesentliche Aufgabenmerkmale, die es dabei zu beachten gilt:

1. Anforderungsvielfalt: Umfang der zu einer Tätigkeit gehörenden Aktivitäten, welche verschiedene Fähigkeiten und Fertigkeiten des Mitarbeiters erfordern.
2. Ganzheitlichkeit der Aufgabe: Umfang, in dem eine Tätigkeit die Fertigstellung eines ganzen, identifizierbaren (Teil-)Produktes oder einer Dienstleistung erfordert.
3. Bedeutung der Aufgabe: Umfang der wahrgenommenen Sinnhaftigkeit, die mit der Ausführung der Tätigkeit einhergeht.
4. Autonomie: Ausmaß, in dem der Mitarbeiter selbst die Art und Weise des Vorgehens maßgeblich bestimmen kann.
5. Rückmeldung durch die Tätigkeit: Umfang, in dem nach Ausführung der Tätigkeit das Resultat selbst Aufschluss über die erbrachte Leistung gibt.

Studien belegen zwar, dass jedes einzelne Merkmal einen Einfluss auf die Arbeitszufriedenheit aufweist, am bedeutsamsten scheint jedoch Autonomie zu sein
(Loher und Noe 1985). Das Ausmaß der Arbeitszufriedenheit wird weiterhin durch
kritische Erlebniszustände moderiert, d. h. die Zufriedenheit kann von Person zu
Person durchaus schwanken. Soziale Beziehungen, wie die zwischen Mitarbeiter und Führungskraft, sowie Merkmale des Arbeitsplatzes stehen weiterhin im
Zusammenhang mit der Kündigungsabsicht, wobei der erstgenannte Punkt einen
wesentlich stärkeren Einfluss ausübt (Humphrey et al. 2007). In dem in der Praxis
manchmal zu hörenden Ausspruch „Mitarbeiter verlassen keine Unternehmen, sie
verlassen Führungskräfte" scheint demnach ein Funken Wahrheit zu stecken.

Arbeitszufriedenheit alleine kann das Phänomen der Mitarbeiterbindung allerdings nicht vollumfänglich erklären. Es gibt auch Mitarbeiter, die das Unternehmen selbstinitiiert verlassen, aber eigentlich ganz zufrieden sind. Andere sind
wiederum sehr unzufrieden, bleiben aber. Daher sind weitere Konzepte zum besseren Verständnis der Mitarbeiterbindung heranzuziehen, beispielsweise das der
„sozialen Identität". Sie entsteht durch die Zugehörigkeit des Einzelnen zu einer
Gruppe. Das Grundbedürfnis nach sozialer Zugehörigkeit stellt ein grundlegendes
menschliches Motiv dar, das jedoch bei jedem unterschiedlich stark ausgeprägt
sein kann (Maslow 1943). Zugehörigkeit und damit Bindung im organisationalen Kontext lässt sich durch verschiedene Arten der Passung erklären, die als *Fit-
Konzepte* bekannt sind:

- *Person-Organization-Fit* entsteht vor allem durch die Organisationskultur. Die
  vermittelten und gelebten Werte des Arbeitgebers stehen dabei im Einklang
  mit den individuellen Wertvorstellungen des Mitarbeiters.
- *Person-Group-Fit* beschreibt die wahrgenommene Passung zwischen dem Mitarbeiter und seinen Kollegen.
- *Person-Supervisor-Fit* beschreibt die Passung zwischen Mitarbeiter und Führungskraft.

Über die soziale Zugehörigkeit hinaus lässt sich Bindung zudem beeinflussen
durch:

- *Person-Vocation-Fit,* d. h. die wahrgenommene Passung zwischen dem Mitarbeiter und seinem Beruf sowie
- *Person-Job-Fit,* was die Passung zwischen Mitarbeiter und seinem Arbeits-
  platz beschreibt.

Die verschiedenen Fit-Konzepte weisen darauf hin, dass Bindung durch sehr unterschiedliche Arten der Passung ermöglicht oder behindert wird. Die verschiedenen

Arten wirken dabei in der Praxis häufig nicht isoliert voneinander, sie können zudem auch individuell sehr unterschiedlich stark ausgeprägt sein.

Studien weisen darauf hin, dass eine wahrgenommene Passung des Mitarbeiters, die durch eine oder mehrere der oben beschriebenen Arten erreicht werden kann, positiv mit Arbeitszufriedenheit korreliert (Gardner und Pierce 1998; Lee et al. 2015). Weitere empirisch nachweisbare Zusammenhänge existieren u. a. in Bezug auf den selbst initiierten Arbeitgeberwechsel (Riordan et al. 2001; Pierce und Gardner 2004) sowie auf Arbeitsleistung (Wiesenfeld et al. 2000; Lee et al. 2015).

Weiterhin ist im Kontext der Bindung das Konstrukt des sogenannten *Commitments* zu beachten, dem in den letzten Jahren vor allem durch die Arbeiten von Allen und Meyer (1990) in Wissenschaft und Praxis besondere Aufmerksamkeit zuteilwurde. Drei Dimensionen des Commitments lassen sich unterscheiden:

1. *Kalkulatorisches Commitment* basiert auf einer persönlichen Kosten-Nutzen-Abwägung. Es stellt die schwächste Form des Commitments dar.
2. *Normatives Commitment* beschreibt eine innere Verpflichtung gegenüber der Organisation aufgrund sozialer und/oder moralischer Normen.
3. *Affektives Commitment* verweist auf eine emotionale Verbundenheit zum Unternehmen. Eine hohe Ausprägung dieser Dimension geht mit Freude und Stolz einher, diesem Unternehmen angehören zu dürfen. Sie stellt die stärkste Form des Commitments dar.

Mittlerweile liegen mehrere Meta-Analysen vor, die den Zusammenhang zwischen Commitment und anderen Faktoren für den Unternehmenserfolg thematisieren. So konnten Cooper-Hakim und Viswesvaran (2005) einen substanziellen Zusammenhang zwischen affektivem Commitment und Arbeitsleistung nachweisen. Die Bedeutung des affektiven Commitments wird auch im Kontext der aus Unternehmenssicht unbeabsichtigten Fluktuation deutlich. Dabei ist jedoch zwischen beabsichtigter und tatsächlicher Fluktuation zu differenzieren. Liegt der Zusammenhang zwischen affektivem Commitment und der Absicht, das Unternehmen zu verlassen, bei $p = -0{,}58$, fällt er bei der tatsächlichen Fluktuation mit $p = -0{,}17$ deutlich geringer aus.

Nachdem nun Gründe für Bindung diskutiert wurden, stellt sich die Frage, wer gebunden werden soll. Diese Frage mag auf den ersten Blick merkwürdig erscheinen, aber eine allgemein hohe Mitarbeiterbindung ist nicht zwangsläufig empfehlenswert. Eine gewisse Fluktuation ist sogar zu begrüßen, bringen neue Mitarbeiter doch auch immer wieder neue, manchmal unkonventionelle und innovative Ideen ein. Die eigentliche Frage ist daher: Wer soll gebunden werden? Sind es nur die hier behandelten High Potentials? Um dies zu beantworten, sind die

Überlegungen aus den vorangegangenen Kapiteln zu Person und Position heranzuziehen und zu verknüpfen. Die Klassifikation von Positionen und Personen kann dabei als zweidimensionale Matrix dargestellt werden, die die Ableitung generischer Managemententscheidungen zulässt (Abb. 5.5).

Die „Shining Star"-Kategorie stellt den organisationalen Idealfall dar. Personen, die als High Potentials bezeichnet werden können, bekleiden erfolgskritische Positionen. Für sie gilt, dass sie möglichst durch gezielte, individuell abgestimmte Personalentwicklungsmaßnahmen gefördert werden sollten. So kann sichergestellt werden, dass die Positionsinhaber den hohen Anforderungen der Positionen auch weiterhin gerecht werden. Aufgrund der hohen Bedeutung der Position sowie der überdurchschnittlichen Fähigkeiten und Kompetenzen der jeweiligen Inhaber sind diese an das Unternehmen zu binden.

Als „Stabilizer" werden Personen bezeichnet, die selbst nicht als sonderlich stark bewertet wurden, die jedoch auch keine erfolgskritische Position besetzen. Häufig handelt es sich hierbei um Positionen, die sich mit operativen und tendenziell transaktionalen Tätigkeiten auseinandersetzen. Entsprechend besteht hier für das Unternehmen nur bedingt akuter Handlungsbedarf. Vielmehr sind im Zeitverlauf Alternativen zu prüfen, z. B. ob Positionen sinnvoll gebündelt und outgesourct werden können oder ob Investitionen in Personalentwicklungsmaßnahmen Positionsinhaber dazu befähigen, mittelfristig in die „Shining Star"-Kategorie vorzurücken.

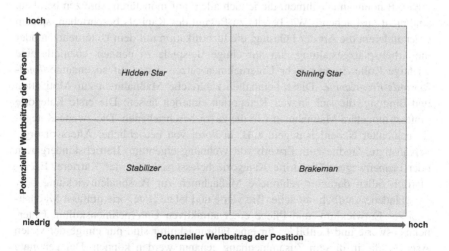

Abb. 5.5 Position-Person-Matrix. (Quelle: Yussefi und Weinert 2009, S. 438)

Unmittelbarer Handlungsbedarf besteht hingegen für Personen in den beiden verbleibenden Kategorien, denn bei diesen handelt es sich letztendlich um Fehlbesetzungen. So besetzt ein „Hidden Star" derzeit eine eher unwichtige Position, besitzt selbst jedoch ein hohes Potenzial. Solche Personen sollten schnellstmöglich erfolgskritische Positionen bekleiden. Um ihr volles Potenzial optimal ausschöpfen zu können, sind zudem gezielte, oftmals individuell abgestimmte Personalentwicklungsmaßnahmen vorzunehmen. Damit sich diese Investitionen betriebswirtschaftlich rechnen, sollten diese Personen ebenfalls mittel- bis langfristig an das Unternehmen gebunden werden.

Besondere Aufmerksamkeit gilt zudem der Gruppe der „Brakeman", d. h. den „Bremsern". Hierbei handelt es sich um Personen, die eine erfolgskritische Position besetzen, ohne selbst die dafür notwendigen Fähigkeiten und Kompetenzen zu besitzen. Eine solche Konstellation kann zu erheblichen Wertschöpfungsverlusten führen. Daher besteht bei diesen Personen akuter Handlungsbedarf.

Um High Potentials zielgerichtet und langfristig binden zu können, sind geeignete Anreize zu setzen. Welche das sind, ist im Einzelfall zu entscheiden. Anzahl und Ausgestaltung der Maßnahmen sind zudem abhängig von der jeweiligen Ressourcenausstattung.

In vielen Fällen setzen Unternehmen auf monetäre Anreize, entweder in Form von cash- oder aktienbasierten Vergütungsoptionen. Auch diverse Mischformen sind denkbar. Die Auszahlungshöhe variiert dabei vorrangig in Abhängigkeit von den Kriterien Bindungsdauer, Funktion sowie Hierarchiestufe (Weinert 2008). Bindungsmaßnahmen, die jedoch allein auf monetären Anreizen beruhen, sind nicht ausreichend. Wie bereits zu Beginn des Kapitels beschrieben, spielen unter anderem die Art der Führung, die Identifikation mit dem Unternehmen oder die Arbeitsplatzgestaltung, um nur einige Beispiele zu nennen, ebenfalls eine wichtige Rolle. Immer mehr Unternehmen setzen daher auf sogenannte *Total-Rewards-Programme*. Diese beinhalten zahlreiche Maßnahmen zur Motivation und Bindung, die sich in vier Kategorien einteilen lassen: Die erste Kategorie umfasst monetäre Maßnahmen wie die zuvor beschriebenen. Die zweite Kategorie beinhaltet Nebenleistungen, z. B. in Form von betrieblicher Altersvorsorge, vergünstigte Kredite zum Erwerb von Wohnungseigentum, Betriebskindergärten oder Firmenwagen. Die dritte Kategorie befasst sich mit der Karriere. Exemplarisch fallen darunter zahlreiche Maßnahmen zur Personalentwicklung oder verschiedene Laufbahnmodelle. Die vierte und letzte Kategorie umfasst Maßnahmen zur Entwicklung und Pflege einer attraktiven Unternehmenskultur. Unternehmenswerte und Leitbilder für eine Führungskultur sind nur einige der vielen Aspekte, die in diesem Zusammenhang genannt werden können. Der gekonnte Mix solcher und weiterer Maßnahmen sowie deren individuelle Anpassung erhöhen merklich die nachhaltige Bindung von High Potentials.

5.6 Abgang und Kontaktpflege

Trotz aller Bindungsmaßnahmen muss davon ausgegangen werden, dass ein Teil der High Potentials dennoch aus eigenem Antrieb heraus kündigt. Diese aus Sicht des Unternehmens unerwünschte Fluktuation muss nicht zwangsläufig auf ein mangelhaftes Bindungsmanagement zurückzuführen sein. Gerade ambitionierte High Potentials können durchaus zufrieden sein und sich mit ihrem Unternehmen identifizieren, kündigen aber dennoch, weil sie beispielsweise der Annahme unterliegen, dass ein Wechsel des Arbeitgebers karriereförderlich ist und der Nachweis, dass man in unterschiedlichen Unternehmen erfolgreich gearbeitet hat, heutzutage ein „Muss" darstellt.

Wichtig für Unternehmen ist in diesem Zusammenhang vor allem zweierlei: Erstens sind die Gründe für das freiwillige Ausscheiden des Mitarbeiters in Erfahrung zu bringen, um mögliche Optimierungsansätze für das Bindungsmanagement abzuleiten. Zweitens sollten Maßnahmen eingeleitet werden, durch die der Kontakt zu dem Mitarbeiter professionell aufrechterhalten werden kann.

In Bezug auf den ersten Sachverhalt kann zunächst gesagt werden, dass die Gründe für ein freiwilliges, selbst initiiertes Ausscheiden mannigfaltig sein können. Das sogenannte „Schock- und Pfad-Modell" (Lee et al. 1999) bietet in diesem Zusammenhang eine gute Möglichkeit, eine systematische Analyse von Trennungsgründen vorzunehmen. Es geht zunächst nicht allein von der Annahme zahlreicher Vorgängermodelle aus, dass Arbeitsunzufriedenheit einzig oder zumindest maßgeblich für eine freiwillige Kündigung verantwortlich ist. Vielmehr werden auch Jobalternativen, Schocks und Pläne mitberücksichtigt. Schocks stellen unerwartete und gravierende Ereignisse dar, die in der Regel spontane Folgehandlungen auslösen, während Pläne bereits länger gehegte und durchdachte Absichten darstellen. Aufbauend auf diesen Vorüberlegungen unterscheidet das Modell fünf unterschiedliche Pfade der Trennung, die Huf (2012, S. 47) wie folgt zusammenfasst:

Pfad 1 – schockinduzierte Planrealisierung Ein Schock lässt einen zuvor gefassten Plan aktualisieren. So mag beispielsweise eine Mitarbeiterin bereits seit einiger Zeit erwägen, ein weiterführendes Studium zu absolvieren. Nachdem sie, wider Erwarten, nicht mit der vakanten Gruppenleitung betraut wurde, verlässt sie das Unternehmen, um das Hochschulstudium aufzunehmen.

Pfad 2 – schockinduzierter Impuls Ausgelöst durch einen Schock erfolgt die Kündigung – ohne auf einen „Plan B", z. B. ein alternatives Stellenangebot, zurückgreifen zu können. Ein Gruppenleiter kündigt beispielsweise einen Tag nachdem die neue Abteilungsleiterin benannt wurde, weil diese in seinen Augen fachlich inkompetent und menschlich unangenehm ist.

Pfad 3 – schockinduzierte Alternativenabwägung Hier ist ebenfalls ein Schock der Auslöser. Allerdings erfolgt die Kündigung nicht wie im zweiten Pfad impulsiv, sondern erst nachdem das Angebot eines anderen Arbeitgebers vorliegt.

Pfade 4 und 5 – Arbeitsunzufriedenheit Im Unterschied zu den vorgenannten Pfaden werden die Pfade 4 und 5 nicht durch einen Schock, sondern durch eine aufgestaute, kumulierte Arbeitsunzufriedenheit ausgelöst. Während aber im vierten Pfad (unzufriedenheitsinduzierter Impuls) die Arbeitsunzufriedenheit so bestimmend wird, dass eine Kündigung ohne Jobalternative erfolgt, kündigt der Mitarbeiter im Pfad 5 (unzufriedenheitsinduzierte Alternativenabwägung) erst nachdem er über eine attraktivere Arbeitgeberalternative verfügt.

Studien konnten empirisch nachweisen, dass ca. 95 % aller Mitarbeiterkündigungen auf einem der fünf Pfade beruhen, allerdings mit unterschiedlich starker Gewichtung: Jede zweite Kündigung folgt Pfad 3, knapp ein Drittel Pfad 5. Der Rest verteilt sich zu etwa gleich großen Teilen auf die Pfade 1, 2 und 4 (Mitchell et al. 2001).

Das Schock- und Pfad-Modell kann dazu dienen, sogenannte *Exit-Interviews* systematischer und ganzheitlicher zu führen. Die Gründe für eine freiwillige Kündigung können so besser erfasst werden, was die Ableitung gezielter Gegenmaßnahmen zulässt. Doch selbst dann muss davon ausgegangen werden, dass ein unerwünschtes Ausscheiden von High Potentials nicht gänzlich zu stoppen ist. Vorausschauende Unternehmen betreiben daher ein professionales Alumni-Management, das den Kontakt zu diesen systematisch plant und durchführt.

Almuni-Management stellt eine Spezialform des *Relationship Managements* dar. In vielen Unternehmen spielt es noch eine relativ geringe Rolle, ganz im Unterschied zum wesentlich bekannteren *Customer Relationship Management*. In den letzten Jahren ist zudem das *Talent Relationship Management* zunehmend populär geworden. Es richtet sich überwiegend an potenzielle High Potentials in Form von ehemaligen Praktikanten und/oder Studierenden bestimmter Studiengänge oder Hochschulen. Diese Zielgruppen sollen frühzeitig an das Unternehmen herangeführt werden, um sie zu einem späteren Zeitpunkt gezielt ansprechen und einstellen zu können. Ein solchermaßen verstandenes Talent Relationship Management greift jedoch zu kurz. Daher fordert u. a. Trost (2012), dass auch ehemalige Mitarbeiter mit zu berücksichtigen sind. Dass diese nach einiger Zeit wieder eingestellt werden können, ist insbesondere dann wahrscheinlich, wenn die Trennung beidseitig im Guten erfolgte.

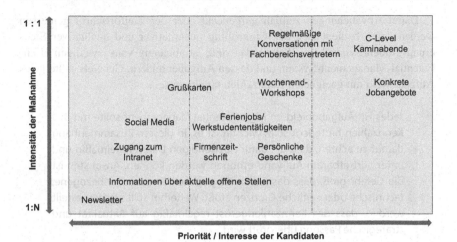

Abb. 5.6 Maßnahmen der Kandidatenbindung und -pflege. (Quelle: Trost 2012, S. 132)

Auch an dieser Stelle gilt, was in diesem *essential* bereits an anderer Stelle gesagt wurde: Ein solches Alumni-Management ist ressourcenschonend vorzunehmen. Der Fokus sollte aufgrund ihrer Bedeutung für die Wettbewerbsfähigkeit des Unternehmens vorrangig auf ausscheidenden High Potentials liegen. In diese Gruppe hat das Unternehmen auch bereits sehr gezielt und überdurchschnittlich investiert. Verlassen diese das Unternehmen und wird die Chance auf eine spätere Rückkehr vertan, sind die Investitionen in das Humankapital unwiederbringlich verloren.

Für die Aufrechterhaltung des Kontaktes stehen im Alumni-Management zahlreiche Maßnahmen zur Verfügung, die es unternehmensspezifisch auszuwählen und anzupassen gilt. Eine Übersicht ist in Abb. 5.6 enthalten.

5.7 Controlling

Controlling unterstützt im High Potential Management die Entscheidungsfindung und Zielerreichung. Um dies zu gewährleisten, bedarf es eines beurteilenden Vergleichs zwischen geplanten und realisierten Ergebnissen, sowohl während der Durchführung (Fortschrittskontrolle) als auch nach deren Abschluss (Ergebniskontrolle). Ein vorausschauendes Controlling hinterfragt zudem die Grundannahmen kritisch, auf denen die High-Potential-Strategie und damit alle nachfolgenden Aufgabenfelder basieren (Prämissenkontrolle).

Damit Abweichungen zeitnah aufgedeckt oder der Zielfortschritt gemessen werden kann, bedient sich das Controlling quantitativer und qualitativer Steuerungsgrößen/Kennzahlen. Welche das sind, ist abhängig vom jeweiligen High-Potential-Management-System und dessen Aufgabenfeldern. Generell sollte jedes Aufgabenfeld mit geeigneten Kennzahlen hinterlegt sein.

▶ Jedes HR-Aufgabenfeld im High Potential Management sollte mit 3–5 Kennzahlen hinterlegt sein. Wichtig ist es, in diesem Zusammenhang darauf zu achten, dass die dafür notwendigen Daten regelmäßig und unter vertretbarem Aufwand erhoben werden können. Ansonsten ist die Gefahr groß, dass das Controlling schnell an personenbezogene, technische oder zeitliche Grenzen stößt. Weiterhin sollte sichergestellt werden, dass das Kennzahlengerüst regelmäßig auf Aktualität und strategische Passung überprüft wird.

Eine Auswahl an möglichen Kennzahlen für die HR-Aufgabenfelder „Gewinnung" und „Entwicklung" im High Potential Management ist nachfolgend exemplarisch abgebildet.

Ausgewählte Kennzahlen für die HR-Aufgabenfelder „Gewinnung" und „Entwicklung"

Gewinnung:

- Qualität der Einstellungen pro Jahr/pro Recruiter
- Durchschnittliche Besetzungsdauer
- Durchschnittliche Kosten je Besetzung

Entwicklung:

- Anzahl Trainings-/Ausbildungstage pro Jahr/pro High Potential
- Kosten Trainings-/Ausbildungstage pro Jahr/pro High Potential
- Anzahl an High Potentials, die erfolgskritische Positionen besetzen können

Die Schwierigkeit in der Praxis ist häufig, dass ein kausaler Zusammenhang zwischen der Effektivität des High Potential Managements und der jeweiligen Kennzahl kaum hergestellt werden kann. So kann beispielsweise die durchschnittliche Besetzungsdauer von Vakanzen zunehmen, obwohl vermehrt Anstrengungen im High Potential Management unternommen worden sind, z. B. aufgrund einer verstärkten Konkurrenzsituation am Arbeitsmarkt. Dennoch sollte dies nicht zu einem Verzicht auf Kennzahlen führen. Wichtig ist, dass die Grenzen der verwendeten Kennzahlen im Hinblick auf deren Aussagekraft bekannt sind und dass mehrere Kennzahlen parallel für einen Aufgabenbereich verwandt werden, um die Aussagekraft zu erhöhen.

Eine weitere Herausforderung ist, dass für ein wirkungsvolles Controlling entsprechende Software-Unterstützung notwendig ist. Die manuelle Excel-basierte Lösung stößt hier schnell an ihre Grenzen. Komplexere Talent-Management-Ansätze benötigen hingegen ausgereifte Lösungen. Sollen gleich mehrere HR-Aufgabenfelder bearbeitet werden, so bieten sich integrierte Talent-Management-Suiten großer Anbieter an. Gemäß dem Marktforschungsinstitut Gartner sollten die Suiten mindestens die folgenden Funktionalitäten umfassen:

- Recruiting und Onboarding,
- Planung der Belegschaft (Workforce Planning),
- Leistungsbeurteilung (Performance Assessment),
- Zielvereinbarung (Performance Management),
- Learning Management,
- Kompetenzmanagement,
- Karriereentwicklung,
- Nachfolgeplanung und
- Vergütungsmanagement (Compensation Management).

Solch umfangreiche Pakete stellen bspw. SAP (Success Factors), Cornerstone OnDemand oder Oracle (mit „Talent Cloud" und „Fusion") zur Verfügung. Daneben existieren zahlreiche kleinere Softwarehersteller, die zwar keine umfassenden Suiten, aber teils sehr innovative Teillösungen anbieten. In Deutschland können hier exemplarisch die Firmen Personio, Silkroad, Time4you sowie Intraworlds und Milch & Zucker genannt werden (Pesch 2017).

Die Nachfrage, auf die solche und vergleichbare Anbieter treffen, ist beachtenswert. Das globale Marktvolumen von Talent-Management-Software bezifferte Gartner im Jahr 2015 auf schätzungsweise US$ 3,3 Mrd. Das zukünftige jährliche Wachstum wird auf ca. 12 % beziffert (Gartner 2017). Begünstigt wird die Nachfrage auch von Unternehmen aus Deutschland. Laut einer Studie aus dem Jahr 2016 weisen zahlreiche Unternehmen im Bereich der Talent-Management-Software einen hohen Nachholbedarf auf. Von den befragten knapp 780 Unternehmen hat lediglich ein Drittel moderne Software im Einsatz. Weniger als sechs Prozent der Firmen nutzen hingegen integrierte Talent-Management-Systeme (Härzke 2017).

Rollenverteilung im High Potential Management

6

Ein erfolgreiches High Potential Management setzt das Zusammenspiel unterschiedlicher, aber gleichermaßen wichtiger Rollen voraus. Diese sind wahrzunehmen von.

- der Personalabteilung,
- dem Linien-Management,
- dem Topmanagement sowie
- den Mitarbeitern selbst.

In Anlehnung an Ulrich (1997) sollte HR für ein erfolgreiches High Potential Management zunächst in der Lage sein, entsprechende Instrumente, Methoden und Prozesse bereitzustellen („Administrative Expert"), sowie dabei helfen, das Commitment und die Leistungsfähigkeit der Mitarbeiter zu erhöhen („Employee Champion"), eine Kultur zu fördern, in der Talente ihr Potenzial entfalten können und wollen („Change Agent"), und das gesamte High Potential Management so auszurichten, dass die strategischen Unternehmensziele bestmöglich personalseitig unterstützt werden („Strategic Partner").

Die konkrete Ausgestaltung der Rollen hängt maßgeblich von der Akzeptanz von HR im Unternehmen sowie den vorhandenen Kompetenzen und Ressourcen ab. Sie bestimmen über den Reifegrad von HR. Dementsprechend ist kritisch zu prüfen, ob ein vollumfängliches High Potential Management überhaupt zeitnah sinnvoll implementiert werden kann. Gegebenenfalls ist es in einem ersten Schritt zunächst notwendig, sich auf wenige Bereiche oder sogar nur ein HR-Aufgabenfeld zu konzentrieren, um anschließend mit einem „Proof of Concept" im Rücken eine Ausweitung sukzessive voranzutreiben.

Doch auch ein noch so gut aufgestelltes HR wird es nicht ermöglichen, dass ein erfolgreiches High Potential Management eingeführt und nachhaltig

© Springer Fachmedien Wiesbaden GmbH 2018
S. Weinert, *Das High Potential Management*, essentials,
https://doi.org/10.1007/978-3-658-19977-7_6

betrieben werden kann. Eine weitere erfolgskritische Rolle spielt das Linien-Management. Es sind vor allem die disziplinarischen Vorgesetzten, die das High Potential Management auf operativer Ebene umsetzen müssen. HR stellt lediglich die Instrumente, Systeme und Prozesse bereit und agiert zudem als unterstützender „Sparring Partner". So sind die disziplinarischen Vorgesetzten u. a. maßgeblich verantwortlich für die Nominierung, die Entwicklung, den Einsatz und die Motivation der High Potentials.

Damit die disziplinarischen Vorgesetzten diese und weitere Aufgaben auch als selbstverständliche Bestandteile ihrer Führungsaufgabe annehmen, ist die Rolle, die das Top-Management spielt, von entscheidender Bedeutung. Auch der Vorstand oder die Geschäftsführung führt disziplinarisch. Dementsprechend sind die oben genannten Aufgabenfelder auch von ihnen wahrzunehmen. Aufgrund ihrer Vorbildfunktion, im Guten wie im Schlechten, wird die erfolgreiche Umsetzung maßgeblich durch sie bestimmt.

Schließlich ist die Rolle, die jeder einzelne Mitarbeiter spielt, hervorzuheben. Ein erfolgreiches High Potential Management bedingt, dass die Mitarbeiter – entsprechende Rahmenbedingungen vorausgesetzt – auch mit überdurchschnittlicher Leistung auf sich aufmerksam machen, ihr Potenzial entfalten und die Unternehmenswerte leben wollen. Die Mitarbeiter sollten sich darüber bewusst sein, dass ein High Potential Management für die eigene Entwicklung hervorragende Möglichkeiten bietet, andererseits aber auch Können und vor allem ein hohes Maß an Wollen voraussetzt.

Fazit

7

Die wichtigste strategische Ressource im Kampf um Wettbewerbsvorteile sind die Mitarbeiter. Erst durch den Rückgriff auf ihr Wissen, ihre Fähigkeiten und Ideen ist ein nachhaltiger Unternehmenserfolg möglich. Dies gilt im besonderen Maß für High Potentials, Personen, die sich im Unternehmen besonders hervortun durch ihre Leistungs- und Entwicklungsfähigkeit. Doch High Potentials extern zu gewinnen oder intern zu identifizieren, sie zielgerichtet zu entwickeln, einzusetzen und zu binden, stellt Unternehmen in Zeiten des zunehmenden Fachkräftemangels und in Anbetracht eines schwindenden Bindungswillens vor große Herausforderungen. Dieser Problematik gilt es mit einem systematischen High-Potential-Management-Ansatz zu begegnen, der, abgeleitet aus der Unternehmensstrategie und unter Berücksichtigung des Zusammenspiels verschiedener Rollen, eine Reihe aufeinander abgestimmter HR-Maßnahmen und HR-Methoden beinhalten sollte. Die Eckpfeiler eines solchen Modells wurden im Rahmen dieses *essentials* skizziert, das, so bleibt zu hoffen, Impulse für die Unternehmenspraxis sowie weitere wissenschaftliche Folgeforschung geben konnte.

© Springer Fachmedien Wiesbaden GmbH 2018
S. Weinert, *Das High Potential Management,* essentials,
https://doi.org/10.1007/978-3-658-19977-7_7

Was Sie aus diesem *essential* mitnehmen können

- Ein fundiertes Konzept für das Management von High Potentials im Rahmen des Talent Managements.
- Einen Überblick zur Gestaltung einer integrierten High-Potential-Management-Systematik, die zur unternehmerischen Zielerreichung beiträgt.
- Handlungsempfehlungen für die Gestaltung unterstützender HR-Aufgabenfelder im High Potential Management.
- Ein tiefer gehendes Verständnis für die externen und internen Rahmenbedingungen, die das Management von High Potentials beeinflussen.

© Springer Fachmedien Wiesbaden GmbH 2018
S. Weinert, *Das High Potential Management,* essentials,
https://doi.org/10.1007/978-3-658-19977-7

Literatur

Allen, J. S., & Meyer, J. P. (1990). The measurement and antecedents of affective, continuance and normative commitment to the Organization. *Journal of Occupational Psychology, 63,* 1–18.

Arnold, N. (2012). *Was bedeutet „Wissensgesellschaft"? Konrad-Adenauer-Stiftung, 112,* 1–5.

Barney, J. B. (1991). Firm resources and sustained competitive advantage. *Journal of Management, 17*(1), 99–120.

Beck, C. (2008). *Personalmarketing 2.0: Vom Employer Branding zum Recruiting.* Neuwied: Luchterhand Verlag.

Becker, M. (2008). *Messung und Bewertung von Humanressourcen. Konzepte und Instrumente für die betriebliche Praxis.* Stuttgart: Schäffer.

Becker, M. (2011). *Systematische Personalentwicklung. Planung, Steuerung und Kontrolle im Funktionszyklus.* Stuttgart: Schäffer.

Berglas, S. (2006). How to keep A-players productive. *Harvard Business Review, 84*(9), 104–112.

Boston Consulting Group. (2015). *The future of HR in Europe.* Boston Consulting Group: Düsseldorf.

Boudreau, J. W., & Ramstad, P. M. (2006). Talent-ship and HR measurement and analysis: From ROI to strategic organisational change. *Human Resource Planning, 29*(1), 25–33.

Bröckermann, R. (2007). *Personalwirtschaft* (4. Aufl.). Stuttgart: Schäffer.

Capelli, P. (2008). *Talent on demand.* Boston: Harvard Business School Press.

Cooper-Hakim, A., & Viswesvaran, C. (2005). The construct of work commitment: Testing an integrative framework. *Psychologial Bulletin, 131,* 241–259.

Cope, F. (1998). Current issues in selecting high potentials. *Human Resource Planning, 21*(3), 15–17.

Deutsche Employer Branding Akademie. (2008). *Employer branding in Deutschland – definition employer branding.* http://www.employerbranding.org/. Zugegriffen: 10. Aug. 2017.

Doran, G. T. (1981). There's a S.M.A.R.T. way to write management's goals and objectives. *Management Review, 70*(11), 35–36.

Dries, N., & Pepermans, R. (2008). "Real" high-potential careers: An empirical study into the perspectives of organizations and high potentials. *Personnel Review, 37,* 85–108.

© Springer Fachmedien Wiesbaden GmbH 2018
S. Weinert, *Das High Potential Management,* essentials,
https://doi.org/10.1007/978-3-658-19977-7

Dries, N., Van Acker, F., & Verbruggen, M. (2011). How "Boundaryless" are the careers of high potentials, key experts and average performers? *Journal of Vocational Behavior, 81,* 271–279.

Enaux, C., & Henrich, F. (2011). *Strategisches Talent-Management.* Freiburg: Haufe.

Franke, N. (1999). High Potentials – Conjointanalytische Identifikation und empirisches Realbild zukünftiger kaufmännischer Führungseliten. *Zeitschrift für Betriebswirtschaft, 8,* 889–911.

Fraunhofer-Institut für Arbeitswirtschaft und Organisation. (o. J.). Bares Wissen! http://www.iao.fraunhofer.de/lang-de/ueber-uns/geschaeftsfelder/dienstleistungs-und-personalmanagement/955.html. Zugegriffen: 7. Aug. 2017.

Fried, Y., & Slowik, L. H. (2004). Enriching goal-setting theory with time – An integrated approach. *Academy of Management Review, 29*(3), 404–422.

Fu, F. Q., Richards, K. A., & Jones, E. (2009). The motivation hub – Effects of goal setting and self-efficacy on effort and new product sales. *Journal of Personal Selling & Sales Management, 29*(3), 277–292.

Gallup. (2017). Engagement index Deutschland. http://www.gallup.de/183104/engagement-index-deutschland.aspx. Zugegriffen: 10. Aug. 2017.

Gardner, D. G., & Pierce, J. L. (1998). Self-esteem and self-efficacy within the organizational context: An empirical examination. *Group and Organizational Management, 23,* 48–70.

Gartner, (2017). *Magic quadrant for talent management Suites.* Stamford: Gartner.

Hackman, J. R., & Oldham, G. R. (1976). Motivation through the design of work: Test of a theory. *Organizational Behavior and Human Performance, 16,* 250–279.

Härzke, P. (2017). *Die nächste Stufe zünden. Personalwirtschaft, 7,* 48–50.

Hoffman, B. J., Woehr, D. J., Maldagen-Youngjohn, R., & Lyons, B. D. (2011). Great man or great myth? A quantitative review of the relationship between individual differences and leader effectiveness. *Journal of Occupational and Organizational Psychology, 84,* 347–381.

Huf, S. (2012). Fluktuation und Retention – Mitarbeiter im Unternehmen halten. *PERSONALquarterly, 4,* 46–49.

Humphrey, S. E., Nahrgang, J. D., & Morgeson, F. P. (2007). Integrating motivational, social, and contextual work design features. *Journal of Applied Psychology, 92,* 1332–1356.

Institut der deutschen Wirtschaft Köln. (2016). Jeder Dritte wechselt den Job. https://www.iwd.de/artikel/jeder-dritte-wechselt-den-job-281979/. Zugegriffen: 5. Aug. 2017.

Institut für Arbeitsmarkt- und Berufsforschung. (2010). Zuwanderungsbedarf und politische Optionen für die Reform des Zuwanderungsrechts. http://doku.iab.de/grauepap/2011/Fachkräftebedarf_Migration_Brücker.pdf. Zugegriffen: 8. Aug. 2017.

Kanning, U. (2017). *Personalmarketing, Employer Branding und Mitarbeiterbindung.* Heidelberg: Springer.

Kauffeld, S., & Grohmann, A. (2011). Personalauswahl. In S. Kauffeld (Hrsg.), *Arbeits-, Organisations- und Personalpsychologie* (S. 93–112). Heidelberg: Springer.

Lee, E.-S., Park, T.-Y., & Koo, B. (2015). Identifying organizational identification as a basis for attitudes and behaviors: A meta-analytic review. *Psychological Bulletin, 141,* 1049–1080.

Lee, T. W., Mitchell, T. R., Holtom, B. C., McDaniel, L. S., & Hill, J. W. (1999). The unfolding model of voluntary turnover: A replication and extension. *Academy of Management Journal, 42*(4), 450–462.

Locke, E. A., & Latham, G. P. (1990). *A theory of goal-Setting and task performance.* Englewood Cliffs: Prentice Hall.

Locke, E. A., & Latham, G. P. (2002). Building a practically useful theory of goal setting and task motivation. *American Psychologist, 57*(9), 705–717.

Lohaus, D., Rietz, C., & Haase, S. (2013). Talente sind wählerisch – Was Arbeitgeber attraktiv macht. *Wirtschaftspsychologie aktuell, 20*(3), 12–15.

Loher, B. T., & Noe, R. A. (1985). A meta-analysis of the relation of job characteristics to job satisfaction. *Journal of Applied Psychology, 70,* 280–228.

Loher, B. T., Noe, R. A., Moeller, N. L., & Fitzgerald, M. P. (1985). A meta-analysis of the relation of job characteristics to job satisfaction. *Journal of Applied Psychology, 70,* 280–289.

Marchand, B., Shannon, P., & Koumans, J. (2004). Building the talent pipeline at microsoft. *Workspan, 10,* 41–45.

Maslow, A. (1943). A theory of human motivation. *Psychological Review, 50*(4), 370–396.

Mercer. (2007). *HR Transformation v2.0.* London: Mercer.

Meyer, R. (2014). *Praxishandbuch zur Online-Personalarbeit* (2. Aufl.). Zürich: Praxium Verlag.

Mitchell, T. R., Holtom, B. C., & Lee, T. W. (2001). How to keep your best employees: Developing an effective retention policy. *Academy of Management Executive, 15*(4), 96–108.

Paschen, M., & Dihsmaier, E. (2014). Analyse als Kompetenz. In M. Paschen & A. Fritz (Hrsg.), *Die Psychologie von Potenzial und Kompetenz* (S. 313–335). VDS: Neustadt an der Aisch.

Paschen, M., Weidemann, A., Turck, D., & Stöwe, C. (2005). *Assessment center professionell* (2. Aufl.). Göttingen: Hogrefe.

Pesch, U. (2017). Multitools und Spezialwerkzeuge für das Finden und Fördern. *Personalwirtschaft, 7,* 54–57.

Peteraf, M. A. (1993). The cornerstones of competitive advantage: A resource-based view. *Strategic Management Journal, 14*(3), 179–191.

Petkovich, M. (2008). *Employer Branding – Ein markenpolitischer Ansatz zur Schaffung von Präferenzen bei der Arbeitgeberwahl.* München: Hampp.

Pierce, J. L., & Gardner, D. G. (2004). Self-esteem within work and organizational context: A review of the organizationbased self-esteem literature. *Journal of Management, 30,* 591–622.

Porter, M. (1999). *Wettbewerbsstrategie: Methoden zur Analyse von Branchen und Konkurrenten.* Frankfurt a. M.: Campus.

Posthums, J., Bozer, G., & Santora, J. C. (2016). Implicit assumptions in high potential recruitment. *European Journal of Training and Development, 40*(6), 430–445.

Ready, D. A., & Conger, J. A. (2007). Make your company a talent factory. *Harvard Business Review, 85,* 68–77.

Ready, D., Conger, J., Hill, L., & Stecker, E. (2010). The antonomy of a high potential. *Business Strategy Review, 3,* 52–55.

Riordan, C. M., Weatherly, E. W., Vandenberg, R. J., & Self, R. M. (2001). The effects of pre-entry experience and socialization tactics on newcomer attitudes and turnover. *Journal of Managerial Issues, 13,* 159–177.

Ritz, A., & Sinelli, P. (2011). Talent Management – Überblick und konzeptionelle Grundlagen. In A. Ritz & N. Thom (Hrsg.), *Talent management.* Wiesbaden: Springer.

Sarges, W. (2000). *Management-Diagnostik*. Göttingen: Hogrefe.

Schmidt, F. L., & Hunter, J. E. (1998). The validity and utility of selection methods in personnel psychology: Practical and theoretical implications of 85 Years of research findings. *Psychological Bulletin, 124*, 262–274.

Scholz, C. (2011). *Grundzüge des Personalmanagements*. München: Vahlen.

Schuler, H. (2000). *Psychologische Personalauswahl* (3. Aufl.). Göttingen: Hogrefe.

Silzer, R., & Dowell, B. E. (2010). Strategic talent managememt matters. In R. Silzer & B. E. Dowell (Hrsg.), *Strategy-Driven talent management* (S. 73–119). San Francisco: Jossey-Bass.

Stahl, G. K., Björkman, I., Farndale, E., Morris, S. S., Paauwe, J., Stiles, P., Trevor, J. & Wright, P. (2012). Six principles of effective global talent management. *MIT Sloan Management Review, 53*, 24–32.

Statistisches Bundesamt. (2009). *11. koordinierte Bevölkerungsvorausberechnung*. Wiesbaden: Statistisches Bundesamt.

Stöwe, C., & Beenen, A. (2012). *Mitarbeiterbeurteilung und Zielvereinbarung* (4. Aufl.). Freiburg: Haufe.

Teufer, S. (1999). *Die Bedeutung des Arbeitgeberimages bei der Arbeitgeberwahl – Theoretische Analyse und empirische Untersuchung bei High Potentials*. Wiesbaden: Deutscher Universitätsverlag.

Trost, A. (2012). *Talent relationship management*. Berlin: Springer.

Ulrich, D. (1997). *Human resource champions: The next agenda for adding value and delivering results*. Boston: Harvard Business School Press.

Walter, M., & Kanning, U. P. (2003). Wahrgenommene soziale Kompetenzen von Vorgesetzten und Mitarbeiterzufriedenheit. *Zeitschrift für Arbeits- und Organisationspsychologie, 47*, 152–157.

Weinert, S. (2008). Erfolgsfaktor Mitarbeiterbindung: Bedeutung und Struktur von Mitarbeiterbindungsprogrammen für M&A. *M&A Review, 6*, 293–296.

Weinert, S. (2016). Strategisches High-Potential-Management. *HR Consulting Review*, 1–4.

Weinert, S., van Laak, C., & Müller-Vorbrüggen, M. (2014). Identifikation von High Potentials: Testverfahren fristen ein Schattendasein. *Wirtschaftspsychologie aktuell, 3*, 12–14.

Weinert, S., van Laak, C., Müller-Vorbrüggen, M., & Nachtwei, J. (2014). *Es hapert an der Umsetzung. Personalmagazin, 2*, 30–31.

Wernerfelt, B. (1984). A resource-based view of the firm. *Strategic Management Journal, 5*, 171–180.

Wiese, D. (2005). *Employer Branding – Arbeitgebermarken erfolgreich aufbauen*. Saarbrücken: VDM.

Wiesenfeld, B. M., Brockner, J., & Thibault, V. (2000). Procedural fairness, managers' self-esteem, and managerial behaviors following a layoff. *Organizational Behavior and Human Decision Processes, 83*, 1–32.

World Economic Forum. (2015). *The global competitiveness report 2015–2016*. Genf: World Economic Forum.

Yussefi, S. & Weinert, S. (2009). Stühle und Köpfe – Identifikation von erfolgskritischen Positionen und Mitarbeitern im M&A-Kontext. M&A

Printed in the United States
By Bookmasters